Gartenteiche

AUTORIN: ANDREA CHRISTMANN

Inhalt

4 Gartenteich-Praxis

30 Pflanzen-Porträts

Extras

Gartenteich-Praxis

Ein Teich im Garten ist immer etwas Besonderes: Er lädt ein zu ruhigem Verweilen, zum Entspannen und Die-Seele-Baumeln-Lassen. Und er bietet immer etwas zum Beobachten und Staunen: faszinierende Pflanzen ebenso wie Libellen und Co.

Wasser – Element mit vielen Facetten

Es gibt viele Gründe, warum Gartenteiche heute so beliebt sind: Zum einen übt Wasser auf uns Menschen immer eine magische Anziehungskraft aus. Als Teich – egal ob groß oder klein – verbreitet Wasser meditative Stille, als plätschernder Bach oder als Fontäne bringt es Leben in den Garten. Und an heißen Sommertagen wird der Teich mit seinem angenehmen Klima zum beliebten Treffpunkt für die ganze Familie.

Außerdem ist ein abwechslungsreich gestalteter Teich eine Bereicherung für jeden Garten, weil er vielfältigen Pflanzen und Tieren einen Lebensraum bietet. Libellen tanzen in der Luft, und Wasserläufer gleiten über das glitzernde Nass. Prächtige Schwertlilien zieren das Ufer, und die Blüten der Seerosen verzaubern jeden Betrachter. Und wer mag, kann in einem Gartenteich sogar ein Quartier für Fische schaffen.

Naturnah oder formal, modern oder verspielt

Gartenteiche gibt es in ganz verschiedenen Stilrichtungen: Ein eckiges Teichbecken fügt sich perfekt in einen formal gestalteten Garten ein und harmoniert mit einem modernen Wohnhaus. Dagegen passt ein naturnaher Teich mit üppiger Ufervegetation gut in einen ländlichen Garten. Und ein elegantes Seerosenbassin ist für einen Garten im Landhausstil die perfekte Ergänzung.

Nehmen Sie sich Zeit für die Planung Ihres Gartenteichs: Ob asiatisch, naturnah oder romantisch, ob Folienteich oder Fertigbecken – Ihr Gartenteich sollte nicht nur Ihren Wünschen entsprechen, sondern auch zum Stil Ihres Gartens und Ihres Hauses passen. Erst wenn Sie sich über Ihre Vorstellungen klar geworden sind, können Sie Schritt für Schritt Ihren Gartenteich verwirklichen.

Der richtige Standort für Ihren Teich

Ein Gartenteich ist eine Investition für viele Jahre. Gehen Sie deshalb bei der Wahl des Standorts besonders sorgfältig vor.

› Ist Ihr Garten groß genug, haben Sie die Qual der Wahl: Ein Teich in der Gartenmitte ist rundherum begehbar. Liegt er neben die Terrasse, sitzen Sie in der »ersten Reihe« und haben sogar vom Haus aus einen guten Blick aufs Wasser. Und in einem stillen Gartenwinkel wird der Teich zum Ruhepol.

› Haben Sie nur ein kleines Grundstück, bauen Sie den Teich am besten am Rand des Gartens. So ist er zwar nicht von allen Seiten zugänglich, doch er lässt das Grundstück größer wirken. Auch mit der Wahl einer geeigneten Form können Sie die Wirkung des Teichs beeinflussen (→ Info, Seite 7)

Größe und Profil

Bei Gartenteichen gilt: Je größer, umso besser. Zum einen ermöglicht ein großer Teich eine abwechslungsreiche Bepflanzung, zum anderen erwärmt sich durch das größere Volumen das Wasser bei Hitze nicht so rasch. Beides bewirkt, dass sich ein biologisches Gleichgewicht im Wasser einstellen kann: Die vielen Pflanzen entziehen dem Wasser überschüssige Nährstoffe, die niedrigere Wassertemperatur ermöglicht einen höheren Sauerstoffgehalt. So bleibt das Wasser auch ohne technische Hilfsmittel sauber. Damit die Selbstregulierung funktioniert, muss ein Teich jedoch etwa 4 x 5 m groß und in der Mitte mindestens 1 m tief sein.

Profil muss sein Teichpflanzen brauchen unterschiedliche Wassertiefen. Stufen Sie den Teichrand deshalb mit leichtem Gefälle ab und legen Sie drei verschieden tiefe Pflanzzonen an (→ Seite 9). So finden Uferpflanzen wie Iris, Pflanzen für die Flachwasserzone wie Hechtkraut und Schwimmblattpflanzen wie Seerosen einen Lebensraum.

Sonne oder Schatten?

Die meisten Sumpf- und Wasserpflanzen sind ausgesprochen lichthungrig. Deshalb sollte ein Garten-

Ein leicht abgestufter Teichrand sorgt dafür, dass Pflanzenarten, die unterschiedliche Wassertiefen brauchen, einen Lebensraum finden.

Direkt am Teich sitzt man auf der Holzterrasse: Im Schatten der Pergola genießt man den Blick aufs Wasser und die Pflanzen.

Eine weite Rasenfläche bietet Platz für einen großzügigen Teich. Ein begehbarer Uferabschnitt lädt dazu ein, das Leben im Wasser zu beobachten.

teich 7 Std. Sonnenlicht pro Tag bekommen, das Minimum liegt bei 5–6 Std. Platzieren Sie den Teich am besten so, dass er im Sommer vom frühen Morgen bis zum späten Vormittag in der Sonne liegt. Damit sich das Wasser aber nicht zu stark erwärmt, sollte zumindest ein Teil der Wasseroberfläche ab den heißen Mittagstunden im Halbschatten oder Schatten liegen. Ideal ist es, wenn Bäume oder eine Hauswand Schatten spenden. Die Bäume dürfen aber nicht zu groß sein, weil sonst das abfallende Laub im Herbst das Wasser verunreinigt (→ Seite 15).

Und was sonst noch wichtig ist

Klären Sie bei der Suche nach dem Platz für Ihren Gartenteich unbedingt folgende Punkte ab:

› Am Standort dürfen auf keinen Fall Stromkabel oder Wasserleitungen im Boden verlaufen.

› Falls Sie für Ihren Teich technische Geräte wie Beleuchtung, Pumpe und Filter brauchen, sollten Sie bei der Planung einen Stromanschluss in der Nähe des Teichs vorsehen.

› Auch ein großer Baum kann zum Problem werden: Seine kräftigen Wurzeln machen das Graben der Teichmulde zum Kraftakt. Umgekehrt können die Wurzeln von Bäumen, die Sie erhalten möchten, beim Graben verletzt werden. Kleine bis mittelgroße Bäume und Sträucher sollten deshalb etwa 2 m Abstand zum Ufer haben, große Bäume sollten noch weiter entfernt stehen.

Kleiner Teich – große Wirkung

PLATZ IST AUCH IM KLEINSTEN GARTEN

Geben Sie dem Teich eine ovale Form, und platzieren Sie ihn so, dass seine Längsachse – von Ihrem Lieblingssitzplatz aus gesehen – in Ihrer Blickrichtung liegt. Lassen Sie den Teich nach hinten schmaler werden, dann wirkt er optisch größer. Verstärkt wird dieser Effekt, wenn Sie hohe Pflanzen nach vorne und niedrige nach hinten setzen.

So gelingt ein Folienteich

Folienteiche bestehen aus einer speziellen Teichfolie, die in der Teichgrube auf einer Sandschicht und
einem Schutzvlies ausgelegt wird. So können Sie
Form und Größe des Teichs ganz individuell gestalten. Im Verhältnis zur Größe sind sie zudem preiswer-
ter als Fertigteiche. Mit Letzteren können Sie dagegen Ihren Traum vom Gartenteich besonders einfach
verwirklichen (→ Seite 20).

Die beste Zeit für den Teichbau ist eine trockene
Wetterphase im Frühjahr. Dann haben Pflanzen und
Tiere genug Zeit, sich bis zum Winter einzuleben.

Die Aushubarbeiten für kleine Teiche können Sie
mit dem Spaten ausführen. Bei größeren Teichen
empfiehlt es sich, bei einer Gartenbaufirma einen
Kleinbagger zu mieten. Sie können das Ausbaggern
aber auch einer Fachfirma überlassen. Klären Sie in
jedem Fall vorher jedoch, ob der Teichstandort für
den Kleinbagger zugänglich ist.

Teichbau Schritt für Schritt

Sobald Sie Größe und Form Ihres Teichs aufgezeich-
net haben, legen Sie mithilfe eines Gartenschlauchs
den Umriss am vorgesehenen Standort aus.

› Markieren Sie dann mit dem Spaten den Teichrand in Form eines kleinen Grabens. Sie können
den Umriss auch mit Sand ausstreuen.

› Heben Sie nun von außen nach innen die Teichgrube aus. Lagern Sie den Aushub auf einer Plas-
tikplane. Sie können ihn später zum Gestalten des
Teichrands und zum Bepflanzen verwenden.

› Sandschicht, Vlies, Folie und Teichsubstrat brauchen Platz: Legen Sie deshalb die Teichgrube größer als den fertigen Teich an und heben Sie sie
rundum 10–15 cm größer und tiefer aus.

› Prüfen Sie immer wieder mit Richtscheit und
Wasserwaage, ob die Teichränder gleich hoch sind,
und gleichen Sie sie gegebenenfalls aus.

› Entfernen Sie aus dem Boden unbedingt Steine
und starke Wurzeln: Sie können die Folie verletzen.

› Damit der Boden nicht nachgibt, verdichten Sie
die Teichgrube mit einem Hand- oder Motorstampfer.

› Soll das Ufer rundum begehbar sein oder grenzt
ein Weg direkt ans Ufer, stabilisieren Sie den Teichrand mit sogenannten Kantensteinen. Sie werden
in ein Bett aus Magerbeton eingesetzt (→ Abb. 1).

1 Ist die Teich-
grube ausgehoben,
verdichtet man den
Boden. Soll der
Teichrand begehbar
sein, wird er mit
Kantensteinen ein-
gefasst.

2 Nach dem Aus-
bringen der Sand-
schicht legt man
Vlies und Folie aus.
Betreten Sie Vlies
und Folie besser
ohne Schuhe, um sie
nicht zu verletzen.

Die Pflanzzonen anlegen

Beim Ausheben der Teichgrube legen Sie die Pflanzzonen an: Graben Sie als Erstes entlang des späte-
ren Ufers eine 20 cm tiefe Zone. Sie wird später mit
Sumpfpflanzen bepflanzt und sollte 40 % der Teichfläche ausmachen. An diese Sumpfzone schließt
sich die etwa 40 cm tiefe Flachwasserzone an, die
etwa 35 % der Teichfläche entspricht. Ein etwa 5 cm
hoher Erdwall grenzt beide Zonen voneinander ab.
Zum Schluss heben Sie die 1 m tiefe Tiefwasserzone aus. Sie sollte maximal 25 % der Teichfläche
ausmachen. Auch sie wird durch einen kleinen Erdwall von der Flachwasserzone getrennt.
Ein Beispiel: Bei einem 8 x 5 m großen Teich (40 m²)
zieht sich die Sumpfzone 0,5 bis 1 m breit um den
Teich (16 m²), die Flachwasserzone ist 40–80 cm
breit (14 m²), und die Tiefwasserzone hat eine Länge von 4 m und eine Breite von 2,50 m (10 m²).

Sand, Vlies und Folie einbringen

Ein Folienteich funktioniert nur, wenn er perfekt
abgedichtet ist.

› Um die Folie vor Steinen und Wurzeln zu schützen, bringt man in der Teichmulde zunächst eine
10 cm dicke Sandschicht aus.

› Darüber kommt ein spezielles Kunststoffvlies.
Vlies und Folie bestellen Sie erst, wenn Sie die Teichmulde ausgehoben haben – erst jetzt können Sie
die Mulde mit Bandmaß oder Schnur exakt ausmes-
sen. Geben Sie in der Länge und Breite je 60 cm zu,
sodass Vlies und Folie rundum 30 cm über den
Teichrand ragen. Dies ist wichtig, damit Sie später
die Kapillarsperre (→ Seite 11) zur Abdichtung des
Teichs zu den Seiten hin anlegen können.

› Zum Auslegen der schweren Teichfolie bitten Sie
am besten ein bis zwei Personen um Hilfe. Betreten
Sie die Folie ohne Schuhe, um sie nicht zu beschä-

3 Anschließend
wird der Kies einge-
füllt. Auch hier sollten
Sie sehr vorsichtig
vorgehen, da man mit
Werkzeug und Schub-
karre die Folie leicht
beschädigen kann.

4 Mithilfe eines Gar-
tenschlauchs füllt man
nun das Wasser in den
Teich ein. Mit steigen-
dem Wasserpegel
schmiegt sich die Folie
allmählich perfekt an
das Teichprofil an.

5 Damit überschüs-
siges Wasser abläuft,
baut man am Ufer eine
Sickermulde oder ein
Überlaufrohr ein. Letz-
teres wird durch ein
Loch in der Folie
geführt und verklebt.

6 Das Schönste zum
Schluss: Bepflanzen
Sie nun Teich und
Ufer, als Letztes set-
zen Sie Seerosen ein.
Hübsch angeordnete
Steine und Findlinge
zieren den Teichrand.

digen. Beginnen Sie in der Mitte der Grube, falten Sie die Folie auseinander und ziehen Sie sie vom Rand her in die richtige Lage (→ Seite 9, Abb. 2).

› Nun füllen Sie mit dem Gartenschlauch Wasser ein. Dabei schmiegt sich die Folie dem Teichprofil perfekt an. Ist der Teich etwa zu einem Drittel gefüllt, ziehen Sie die Folie noch einmal glatt.

› Nun bringen Sie eine 10 cm dicke Schicht Substrat und Kies in der Flachwasser- und Sumpfzone aus. Die Tiefenzone bleibt frei, dort setzt man später Pflanzkörbe ein. Stört der Anblick der Folie, bringen Sie hier eine dünne Sand- oder Kiesschicht ein (→ Seite 9, Abb. 3).

› Decken Sie die am Teichrand sichtbare Folie mit Steinen und Kies ab, um sie vor UV-Licht zu schützen. Zum Schluss füllen Sie den Teich bis 15 cm unter den Teichrand mit Wasser auf (→ Seite 9, Abb. 4).

Die richtige Teichfolie

Eine hochwertige, ausreichend dicke Folie ist das A und O für einen perfekt abgedichteten Gartenteich. Im Handel werden auch dünnere Folien angeboten,

doch um kein Risiko einzugehen, sollten Sie auch für einen kleinen Teich eine 1 mm starke Folie wählen. Für tiefere Teiche mit steilem Ufer muss die Folie 1,5–2 mm dick sein.

Verbreitet sind vor allem drei Folienarten:

PVC-Folien Sie sind robust, langlebig, flexibel und sind in Stärken von 0,5, 1,0 und 1,5 mm erhältlich: Sie eignen sich vor allem für größere Teiche. Haltbarkeit: mindestens zehn Jahre.

PE-Folien Diese umweltfreundlichen, 1–1,5 mm starken Folien sind sehr preiswert, aber nicht 100 % UV-beständig und deshalb nur etwa 10 Jahre haltbar. Sie sind nur für kleine Teiche zu empfehlen.

Kautschuk-Folien (EPDM) Diese Folien sind sehr umweltverträglich und belastbar, aber auch sehr teuer. Sie sind UV-beständig, halten bis zu 30 Jahre und sind ideal für große und tiefe Teiche.

Folienmaße Passen Sie die Größe Ihres Teichs den handelsüblichen Folienmaßen an, so sparen Sie Kosten. Gängige Folienmaße sind 3 x 4, 4 x 5, 5 x 6 und 7 x 8 m sowie 1–8 m breite und bis 25 m lange Bahnen, die – gegen Aufpreis – von den Firmen auf Bestellung zu Sondergrößen verschweißt werden.

Folienfarben Folien gibt es in den Farben Schwarz, Braun und Grün. Die Wahl ist Geschmackssache: Schwarze Folie suggeriert dem Betrachter ergründliche Tiefe, grüne und braune Folien sind unauffällig, sie passen sich sehr gut der Umgebung an und sind durchs Wasser kaum zu sehen.

Die Kapillarsperre anlegen

Ein richtig angelegter Teichrand braucht eine Kapillarsperre, damit der umliegende Boden durch die

Natürlich und abwechslungsreich: Stauden, Gehölze und Findlinge prägen das Teichufer.

Die Kapillarsperre verhindert, dass der Teich Wasser verliert. Dazu legt man einen Graben rund um den Teich mit Folie aus und füllt ihn mit Kies.

Damit überschüssiges Wasser versickern kann, zieht man das Folienende schräg nach unten in die Sickergrube. Sie ist mit Kies gefüllt und mit Vlies abgedeckt.

sogenannten Kapillarkräfte kein Wasser aus dem Teich saugt. Außerdem können so keine Wurzeln über den Folienrand bis zum Wasser wachsen und dem Teich Wasser entziehen. Die Kapillarsperre verhindert überdies, dass mit Dünger angereichertes Oberflächenwasser in den Teich fließt.

› Heben Sie für die Kapillarsperre rund um den Teich einen etwa 20 cm breiten und 10 cm tiefen Graben aus, der zum Teich durch einen kleinen Wall begrenzt ist.

› Ziehen Sie nun Folie und Vlies über den Wall. Das Vlies können Sie abschneiden oder in den Boden eingraben. Mit der Folie legen Sie den Graben so aus, dass sie auf der gegenüberliegenden Seite noch etwas nach oben reicht.

› Anschließend füllen Sie den Graben mit feinkörnigem Kies (Körnung 5/32 mm) auf. Diese Kiesschicht fixiert die Folie und verhindert zusätzlich, dass Pflanzenwurzeln in den Graben der Kapillarsperre wachsen. Nun ist der Teich perfekt vom umgebenden Erdreich abgetrennt.

Ganz wichtig: der Überlauf

Damit der Teich bei starken Regenfällen nicht das Grundstück überschwemmt, braucht er einen Überlauf. Durch ihn fließt überschüssiges Wasser gezielt in eine Sickergrube. Legen Sie den Überlauf an einer Stelle im Teichrand an, die später möglichst nicht mehr betreten wird.

› Für den Überlauf legen Sie das Uferniveau auf etwa 1 m Länge ca. 5 cm tiefer an. Damit das Wasser in die dahinterliegende Sickermulde läuft, ziehen Sie an dieser Stelle die Teichfolie in einem 30°-Winkel nach unten. Sie können aber auch ein Dränagerohr als Abfluss einbauen (→ Seite 9, Abb. 5).

› Hinter dem Überlauf graben Sie für die Sickergrube ein 80 x 80 x 80 cm großes Erdloch. Legen Sie die Grube mit Teichvlies aus und füllen Sie sie mit Kies auf. Ziehen Sie nun das Vlies über die Kiesschicht, damit keine Erde in die Grube gelangt und die Kiesschicht verstopft.

› Zum Schluss kaschieren Sie Teichrand und Überlauf mit Pflanzen sowie mit großen Kieselsteinen.

11

Ein bisschen Technik muss sein

Ein naturnah gestalteter Teich, der ausreichend groß und tief ist, funktioniert mit der Zeit von selbst: Es pendelt sich ein biologisches Gleichgewicht ein. Die Pflanzen halten das Wasser sauber und reichern es mit Sauerstoff an.

Entspricht Ihr Teich aber nicht diesem Ideal oder wollen Sie Fische halten, können Sie auf Filter, Pumpe und andere technische Hilfsmittel nicht verzichten: Sie reinigen das Wasser, reichern es mit Sauerstoff an und sichern das Überleben der Pflanzen und Tiere. Denn Fischfutter und Fischkot wandeln sich in Nährstoffe um, sodass Algen übermäßig wachsen.

Geeignete Filter

Wie groß und leistungsstark ein Filter sein muss, hängt von der Größe des Teichs ab. Je größer das Teichvolumen ist, umso größer und stärker muss auch der Filter sein. Ist er zu klein, verschmutzt er

schnell und kann das Wasser nicht mehr reinigen. Das Wasservolumen im Teich können Sie mit einer einfachen Formel grob ermitteln: Multiplizieren Sie Länge x Breite x größte Wassertiefe und teilen Sie das Ergebnis durch zwei. Genauer wird das Resultat, wenn Sie bei der Erstbefüllung des Teichs die Wasseruhr ablesen. Wählen Sie einen Filter, der so stark ist, dass er das Wasservolumen mindestens zweimal pro Tag umwälzen kann.

Filter gibt es in verschiedenen Ausführungen: Biologische Filter enthalten Bakterien, die die organischen Abfallprodukte im Teichwasser abbauen. Mechanische Filter sieben Abfallpartikel aus dem Wasser. Hier unterscheidet man folgende Systeme:

Druckfilter Dieser Filtertyp eignet sich für kleinere Teiche mit einem Wasserinhalt von maximal 18 000 Liter. Bei diesem Verfahren wird das verschmutzte Wasser mittels einer Pumpe über ein Schwammsystem, das sich in einem wasserdichten Behälter befindet, gedrückt und über ein Filtergranulat gereinigt. Sie können den Filter am Teichrand aufstellen, oder auch unter Wasser installieren.

Drucklose Filter Solche Filter eignen sich für größere Teiche. Sie werden außerhalb des Wassers am Teichrand aufgestellt. Eine externe Pumpe befördert das Wasser zum Filter. Von dort läuft es dank der Schwerkraft in den Teich zurück. Diese Form der Teichfilterung ist besonders wartungsarm. Über die verschiedenen Modelle lassen Sie sich am besten im Fachhandel beraten.

Eine Pumpe sorgt dafür, dass die Fontäne munter sprudelt und zum Blickfang wird.

1 Pumpen sind unverzichtbar: Sie befördern Wasser in den Filter, reichern es – mittels Schaumdüsen – mit Sauerstoff an und betreiben Wasserspiele.

2 Druckfilter stehen am Ufer und reinigen das Teichwasser mechanisch. Mithilfe einer Pumpe wird es angesaugt, gereinigt und läuft anschließend wieder in den Teich zurück.

3 Wenn der Teich überdüngt ist, hilft ein Oxydator, das Wasser zu klären. Er enthält Wasserstoffperoxid und gibt ständig Sauerstoff ins Wasser ab.

Die richtige Pumpe

Pumpen sind nicht nur unerlässlich, um das Teichwasser zur Reinigung durch einen Filter zu transportieren. Sie sind auch nötig, um beispielsweise einen Fontäne, ein Wasserspiel wie einen Sprudelstein oder einen Bachlauf zu betreiben. Überdies reichern Teichbelüftungspumpen das Teichwasser mit Sauerstoff an und verbessern so die Wasserqualität. Im Handel gibt es die unterschiedlichsten Fontänenaufsätze oder Düsen, mit deren Hilfe man phantasievolle Wasserspiele im Teich installieren kann. Der positive Nebeneffekt: Das leise Sprudeln und Plätschern ist angenehm und entspannend zugleich. Und selbst Seerosen werden davon nicht gestört, wenn Sie die Fontäne weit genug entfernt installieren.

Die Leistungskraft der Pumpe richtet sich nach dem Teichvolumen. Ein Beispiel: Soll der Inhalt eines Teichs mit 12 000 Liter Wasser zweimal pro 24 Stunden umgewälzt werden, muss die Pumpe pro Tag 24 000 Liter Wasser umwälzen. Dies entspricht einer Leistung von 1000 Liter pro Stunde. Pumpen dürfen nicht in zu flachem Wasser stehen, weil sie sonst trocken laufen können. Umgekehrt verschlammen sie in zu tiefen Wasser leicht. Ideal ist es, wenn die Pumpe 30–40 cm tief im Wasser auf einen Steinsockel steht. Damit das Teichwasser auch in der Nacht mit genügend Sauerstoff angereicht wird, sollte die Pumpe möglichst 24 Stunden ununterbrochen laufen.

Mein Tipp Achten Sie beim Kauf von Pumpe und Filter unbedingt darauf, dass diese vom TÜV geprüft und zugelassen sind. Lassen Sie die Geräte außerdem nur von einem Fachmann anschließen. Dabei ist es unerlässlich, dass ein FI (Fehlerschutzschalter) installiert wird: Er sorgt dafür, dass bei der geringsten Fehlermeldung die Stromzufuhr unterbrochen wird. Außerdem muss die Außensteckdose für den Stromanschluss vor Spritzwasser geschützt und abschließbar sein.

Nützliche Helfer: Schlammsauger und Co.

Neben Filtern und Pumpen gibt es noch eine Vielzahl technischer Geräte, die zum Einsatz kommen, wenn Herbstlaub die Wasseroberfläche bedeckt oder der Teich nach vielen Jahren droht, im Schlamm zu ersticken.

Schlammsauger Herabfallende Blätter von Bäumen sowie abgestorbene Pflanzenteile sammeln sich am Teichgrund an und führen dazu, dass sich mit der Zeit eine dicke Schlammschicht bildet. Es entstehen Faulgase, die zum Absinken des Sauerstoffgehalts im Wasser führen. Außerdem wird der Teich immer flacher. Sie können diesen Schlamm mühsam mit einer Schaufel entfernen oder einen sogenannten Schlammsauger einsetzen: Er saugt über eine Düse den Schlamm direkt vom Teichboden auf und »schluckt« auch Schmutzpartikel wie Fischkot, Laub und kleine Äste. Schlamm und Abfallpartikel werden in einem Behälter aufgefangen und entsorgt. Das aufgesaugte Wasser sollten Sie nicht mehr in den Teich zurückleiten, da es zu stark verschmutzt und mit Bakterien belastet ist. Leider bringt ein Schlammsauger einige Nachteile mit sich: Durch die starke Saugkraft landen neben dem Schmutz auch kleine Fische, Libellenlarven und Käfer im Auffangbehälter. Verwenden Sie solche Geräte deshalb besser nur, wenn Ihr Teich wirklich extrem stark verschmutzt ist.

Skimmer Ein Skimmer ist eine Art »Oberflächensauger«. Er kommt zum Einsatz, wenn Blätter und Pollen in großer Menge auf der Wasseroberfläche treiben. Über eine Pumpe transportiert er alles zu einem angeschlossenen Filter. Doch auch der Skimmer hat Nachteile: Die Vielzahl von Wasser- und Teichläufern, die auf der Oberfläche des Teichs leben, werden durch die Pumpe angesaugt und enden im Filter. Auch sehr große Mengen Laub kann er nicht beseitigen.

1 LAUBSCHUTZNETZ Bäume und Sträucher, die nahe am Teich stehen, können zum Problem werden: Im Herbst fällt viel Laub in den Teich. So gelangen sehr viele unerwünschte Nährstoffe in das Wasser. Ein Laubschutznetz schafft Abhilfe: Spannen Sie es rechtzeitig so über den Teich, dass es die Blätter auffängt. Nach dem Laubfall entfernen Sie es wieder.

2 EISFREIHALTER Damit im Winter die Teichoberfläche nicht komplett zufriert und Pflanzen und vor allem Fische im Wasser mit ausreichend Sauerstoff versorgt werden, installieren Sie rechtzeitig vor den ersten Frösten einen Eisfreihalter. So bleibt eine Stelle der Teichoberfläche garantiert eisfrei, und der Gasaustausch zwischen Wasser und Luft ist weiterhin möglich.

Laubschutznetz Fällt im Herbst viel Laub in Ihren Teich, empfiehlt sich anstatt eines Skimmers die Installation eines Laubschutznetzes. Dies ist außerdem ökologisch verträglicher.

Oxydator Ein Oxydator ist ein mit Wasserstoffperoxid gefüllter Tonbehälter (→ Seite 13, Abb. 3). Er wird im Wasser versenkt und gibt dort Sauerstoff ab. Sinnvoll ist er in einem Teich mit vielen Fischen, in dem nur wenige Pflanzen wachsen.

Eisfreihalter Stehen nur wenige Ufer- und Röhrichtpflanzen am Teich, kann die Wasseroberfläche im Winter komplett zufrieren, sodass kein Gasaustausch möglich ist. Im Wasser überwinternde Pflanzen und Tiere können dann unter Sauerstoffmangel leiden. Der Eisfreihalter sorgt dafür, dass eine Wasserstelle immer eisfrei bleibt und der Gasaustausch zwischen Wasser und Luft möglichst ungehindert stattfinden kann.

Biologische Reinigung

Eine schonende Alternative, die mehr Rücksicht auf die im Teich lebenden Kleinlebewesen nimmt, ist die biologische Teichreinigung. Dabei wird die Schlammschicht auf dem Grund mithilfe von Kulturen unterschiedlicher Bakterienstämme reduziert. Durch die Aktivierung dieser Bakterien im Wasser wird der Schlamm zu Nährstoffen abgebaut, die den Mikroorganismen als Nahrung dienen. Auf diese Weise reduziert sich der Faulschlamm.

Solche Präparate haben noch einen weiteren Effekt: In den ausgewählten Bakterienstämmen, die man dem Teichwasser zuführt, sind auch Arten enthalten, die die Ammonium-, Nitrit- und Nitratwerte im Wasser senken. Dadurch vermindert sich unerwünschter Algenwuchs. Präparate mit diesen Bakterien erhalten Sie über den Fachhandel (→ Seite 62, Zubehör).

Teichpflege rund ums Jahr

FRÜHLING	**FOLIE PRÜFEN:** Ist sie am Teichrand noch genug mit Kies und Erde abgedeckt (UV-Schutz)? **WASSERSTAND** überprüfen **ABGESTORBENE PFLANZENTEILE** und Blätter von der Wasseroberfläche absammeln
SOMMER	**BEI STARKER HITZE** verdunstetes Teichwasser nachfüllen **WUCHERNDE PFLANZEN** ausdünnen, bevor sie Unterwasserpflanzen das Licht nehmen **FADENALGEN** abschöpfen **WASSERWERTE** überprüfen
HERBST	**LAUBSCHUTZNETZ** bei Bedarf aufspannen
WINTER	**FILTER UND PUMPE** abbauen **EISFREIHALTER** installieren **SCHNEE** Fegen Sie bei starkem Scheefall die Eisfläche, damit genug Licht zu den Pflanzen und Fischen vordringt.

Den Teich bepflanzen

Gute Planung ist der erste Schritt zu einem Gartenteich, an dem es grünt und blüht. Zeichnen Sie dazu einen Plan, in den Sie alle Pflanzen eintragen. Bei der Pflanzen-Auswahl gibt es verschiedene Kriterien:

› Kombinieren Sie die Pflanzen so, dass sie zu verschiedenen Zeiten blühen und sich in den Farben und in der Wuchshöhe gut ergänzen.

› Wählen Sie die Pflanzen immer nach ihren Standortansprüchen (→ Seite 6): Sonnenanbeter gedeihen nicht im Schatten und umgekehrt.

› Einheimische Pflanzen sind robust und winterhart. Ziehen Sie sie den sensibleren Exoten vor.

› Achten Sie beim Kauf auf Qualität: Gesunde Pflanzen erkennen Sie an kräftigen Blättern und Stängeln, die Wurzeln müssen weiß und fest sein. Damit sich junge Pflanzen gut entwickeln, sollten sie junge Triebe und Knospen tragen. Lassen Sie Pflanzen mit Fraßspuren oder faulen Pflanzenteilen stehen: Sie gedeihen nicht gut und schleppen vielleicht sogar Schädlinge in den Garten ein.

Da Teichpflanzen rasch wachsen, dürfen Sie nicht zu viele Pflanzen setzen. Pro Quadratmeter reichen am Ufer etwa 6–8 kleine oder 2–3 große Pflanzen, in der Sumpfzone 4–6 und in der Flachwasserzone 2–4 Pflanzen. In der Tiefwasserzone rechnet man pro Quadratmeter 1–2 Seerosen. Und auf die gesamte Teichfläche bezogen brauchen Sie 2–3 Unterwasserpflanzen pro Quadratmeter.

Geeignetes Substrat

Teichpflanzen sind anspruchslos, ihnen genügt magere Erde. Kompost und nährstoffreicher Gartenboden sind ungeeignet. Bewährt hat sich eine Mischung aus Lehm und Sand im Verhältnis 1 : 3. Nur Seerosen lieben üppigere Kost: Für sie gibt es im Fachhandel nährstoffreiche Substrate.

Richtig bepflanzen

Setzen Sie die Pflanzen ein, bevor Sie den Teich mit Wasser füllen, und arbeiten Sie sich von der tiefsten Stelle in der Mitte bis zum Ufer vor.

› Seerosen pflanzt man, weil sie stark wuchern, in mit Substrat gefüllte Plastikgitterkörbe. Damit das Substrat nicht wegschwimmt, bedecken Sie es mit einer Schicht Kies. Platzieren Sie die Körbe in die Mitte der Teichgrube. Auch andere wuchernde Arten wie Kalmus oder Tannenwedel setzt man besser in solche Körbe, damit sie sich – vor allem in kleineren Teichen – nicht allzu breitmachen.

Praktisch zum Bepflanzen steiler Uferpartien sind Pflanztaschen aus robuster Kokosfaser.

Erst eine Bepflanzung mit vielen verschiedenen Sumpf- und Uferpflanzen macht einen Gartenteich perfekt und bindet ihn in die Umgebung ein. Voraussetzung ist allerdings, dass man die Pflanzen an einen Platz setzt, der ihren Ansprüchen optimal entspricht, sodass sie wachsen und gedeihen können.

› Pflanzen der Sumpf- und Flachwasserzone können Sie direkt in die Substratschicht setzen. Graben Sie dazu ein Pflanzloch, das etwas größer ist als der Wurzelballen. Achten Sie aber darauf, die Folie nicht zu verletzen. Sie können die Pflanzen aber auch in sogenannte Pflanztaschen setzen. Diese bestehen aus Kokosfaser oder weichem Kunststoffmaterial mit Löchern, durch die die Wurzeln wachsen. Normale Taschen platziert man einfach auf dem Teichboden. Besser fixieren kann man Pflanz-taschen mit Laschen, da man diese mit einem Stein am Ufer befestigen kann. Für steilere Uferzonen eignen sich auch sogenannte Böschungsmatten aus Jute oder Kokosfaser.

› Unterwasserpflanzen bindet man am besten an einen Stein und verteilt sie dann im Teich.

Mein Tipp Wenn Sie Fische im Teich möchten, sollten Sie diese erst einsetzen, wenn die Pflanzen gut angewachsen sind. So widerstehen sie hungrigen Fischmäulern besser.

Ein schöner Rahmen für den Teich

Erst ein gelungen gestaltetes Ufer sorgt dafür, dass sich Ihr Teich harmonisch in den Garten einfügt. Dabei spielen natürlich Pflanzen eine Hauptrolle: Zwergbinse, Trollblumen, Knöterich und viele mehr schmiegen sich als bunt blühendes Band rund um den Teich und leiten zu den Pflanzen im flachen Wasser wie Pfeilkraut oder Igelkolben über. Wenn Sie jedoch von einem gemütlichen Sitzplatz aus das Treiben von Libellen und Co. beobachten möchten, sollten Sie für einen trittfesten Zugang zum Ufer sorgen. Er erleichtert obendrein die Teichpflege. Ob Steine, Holzdeck oder Wege – wichtig ist, dass alles zum Stil von Teich und Garten passt.

Kies und Steine

Steine wirken im Wechselspiel mit Wasser und Pflanzen sehr attraktiv. Große Findlinge, kombiniert mit kleineren Steinen, Ästen oder einem Wurzelstock, geben dem Teichrand eine besondere Note. Sorgen Sie aber für ein ausgewogenes Verhältnis von Steinen und Bepflanzung.

Kieselsteine erhalten Sie im Baustoffhandel, günstiger sind lose Kiesel aus der Kiesgrube. Findlinge bekommen Sie in Natursteinhöfen, nach ausgefallenen Stücken muss man aber länger suchen. Verwenden Sie für die Gestaltung des Ufers nie scharfkantige Steine, sie könnten die Folie beschädigen. Sehr große Steine legt man auf ein Stück Extra-Folie, so ist die Teichfolie geschützt.

Sitzplatz am Wasser: Holzdeck

Wahrscheinlich wird dies rasch Ihr Lieblingsplatz: Auf einem Sitzplatz auf einem Holzdeck direkt am Wasser können Sie die stille Atmosphäre am Teich am besten genießen. Noch mehr »mittendrin« sitzen Sie, wenn das Deck mittels eines Holzstegs etwas über die Wasserfläche reicht. Mit seiner warmen Austrahlung passt Holz ideal zu einem Gartenteich. Verwenden Sie nur kesseldruckimprägnierte Harthölzer mit umweltverträglichen Mitteln, damit keine Schadstoffe in den Teich gelangen. Geeignet sind heimische Hölzer wie Eiche und Robinie sowie Tropenhölzer wie Teak, Bongossi und Bangkirai.

Wege am Teich

Wege grenzen den Teich am deutlichsten von der Umgebung ab. Geeignet sind hübsche Platten aus Schiefer, Basalt oder Granit, aber auch Pflastersteine. Wählen Sie Materialien mit möglichst rauen Oberflächen, die bei Nässe nicht gleich zur Rutschbahn werden. Damit die Steine fest liegen, werden sie in einem Sand- oder Mörtelbett verlegt. Damit Holzdecks und Wege lange halten und sicher sind, sollten Sie sich für den Bau ruhig die Hilfe eines Fachmanns holen.

Teiche **kindersicher** machen

WASSER zieht Kinder magisch an, und das kann fatale Folgen haben. Sicherheit am Teich ist deshalb oberstes Gebot: Rechtlich sind Sie verpflichtet, ein Grundstück mit Teich einzuzäunen. Am Teich selbst gilt: Vermeiden Sie steile Ufer, umzäunen Sie den Teich oder installieren Sie 5 cm unter der Wassoberfläche ein Baustahlgitter (→ Umschlagklappe hinten).

KIES UND FINDLINGE Flache Steine bilden einen sehr gelungenen Übergang vom Teich zum Garten. Zudem haben sie den Vorteil, dass sie trittfest sind und man fast von allen Seiten direkt ans Wasser gehen kann. Eine perfekte Ergänzung für eine solche Gestaltung ist ein im Wasser platzierter Findling, der als Quellstein dient. Aus ihm plätschert das Wasser sanft in den Teich. Das hat nicht nur eine beruhigende Wirkung, sondern bringt auch Sauerstoff ins Wasser.

HOLZTERRASSE Urlaubsgefühle lässt eine große Holzterrasse am Wasser aufkommen: Sie ist der ideale Sitzplatz am Teich. Ein stabiler Unterbau sorgt für Sicherheit. Form und Material passen zum einem gut zum Haus und fügen sich zum anderen harmonisch in die Wasserlandschaft ein. Rund um den Teich geben Kies, Steine und dekorative Pflanzen der Anlage den letzten Schliff.

STEINPLATTEN Hier ist die Natur das beste Vorbild: Für die Ufergestaltung eines naturnahen Gartenteichs bieten sich Natursteinplatten aus Basalt oder Schiefer an.

Einfach und schnell: ein Fertigteich

Möchten Sie einen kleinen Gartenteich, entscheiden Sie sich besser für einen Fertigteich. Der Einbau ist relativ einfach, und Sie ersparen sich das Abdichten mit der Folie. Kleinere Fertigbecken bestehen aus Polyethylen, größere aus glasfaserverstärktem Kunststoff. Die stabilen Becken trotzen Frost, UV-Strahlen, Wurzeln und Steinen. Die Garantiezeit sollte in jedem Fall mindestens zehn Jahre betragen. Fertigteiche gibt es im Fachhandel in vielen verschiedenen Formen. Ob rund, nierenförmig oder rechteckig: Wählen Sie, was im Stil zu Ihrem Garten passt. Achten Sie beim Kauf darauf, dass im Becken eine Sumpf- sowie Flachwasserzone integriert ist. Auch darf der Teich nicht zu klein sein: Die Mindestgröße liegt bei 4–5 m², d. h., das Becken sollte mindestens 1,5 m lang, 3 m breit und 80 cm tief sein. Nur dann ist sicher, dass sich das Wasser im Sommer nicht zu stark erhitzt und sich ein biologisches Gleichgewicht einstellen kann.

Der Einbau: Exakte Arbeit ist gefragt

Das Wichtigste beim Einbau eines Fertigteichs: Gehen Sie beim Ausheben der Teichgrube sehr genau vor und messen Sie immer wieder nach.

› Platzieren Sie das Becken am gewünschten Standort und markieren Sie die Umrisse mit einem Gartenschlauch oder einer Schnur. Beachten Sie: Sie müssen die Grube rundherum und auf allen Ebenen 15 cm größer ausheben als das Becken. Der Zwischenraum wird später eingeschlämmt.

› Stellen Sie das Becken immer wieder in die Grube und prüfen, ob die Form der Teichmulde passt.

› Entfernen Sie sorgsam Steine und Wurzeln aus dem Boden. Messen Sie mit Richtscheit und Wasserwaage mehrmals, ob der Grund eben ist.

› Heben Sie die Grube so tief aus, bis die Beckenoberkante dem Niveau der Umgebung entspricht. Damit das Becken später ganz gerade steht, füllen Sie nun eine 10–15 cm dicke Sandschicht in die Grube und verdichten sie mit einem Handstampfer. Prüfen Sie immer wieder, ob der Boden eben ist.

› Nun setzen Sie das Becken ein. Prüfen Sie sorgfältig, ob die Beckenränder waagerecht sind. Eventuell müssen Sie den Boden nachbessern.

› Steht das Becken in seiner endgültigen Position, füllen Sie es etwa zu einem Drittel mit Wasser. Nun steht es fest, und Sie können die Zwischenräume zwischen Becken und Teichgrube mit einer Mischung aus Aushub, Sand und Wasser einschlämmen. Füllen Sie die Zwischenräume erst zur Hälfte, und war-

Minibagger tun gute Dienste, doch das exakte Teichprofil arbeitet man besser mit der Schaufel aus.

ten Sie dann einen Tag, damit das Becken sich setzen kann. Erst dann schlämmen Sie das Becken weiter ein und füllen es mit Wasser.

Den Fertigteich vollenden

Nun können Sie in die verschiedenen Pflanzzonen Substrat und Kies einbringen und den Fertigteich – ähnlich wie einen Folienteich – bepflanzen.

Den Beckenrand kaschieren Sie, indem Sie ihn mit Kies und Erde abdecken. Auch Kokos- oder Jutematten mit integrierten Pflanztaschen eignen sich. Hübsch sind auch spezielle Folien, in die Kies und Sand eingearbeitet sind. Den Rest besorgt die Bepflanzung in der Sumpfzone und hinter dem Beckenrand: Bald wird sich Ihr Fertigteich natürlich in Ihren Garten einfügen.

1 BECKEN EINSETZEN Erst wenn die Teichgrube sorgfältig modelliert ist, kann das Becken eingesetzt werden. Oft muss man das Becken immer wieder herausnehmen und nacharbeiten. Passt die Mulde genau, bringt man eine Sandschicht ein und platziert das Becken. Wichtig: Prüfen Sie mehrmals, ob das Becken waagerecht steht, und füllen Sie erst dann die Tiefenzone mit Wasser.

2 BEPFLANZEN Bringen Sie in der Flachwasser- und Sumpfzone Substrat aus. Dann verteilen Sie die Seerosenkörbe in der Teichmitte. Pflanzen in Gitterkörben für das flache Wasser können Sie samt Korb einpflanzen. Bringen Sie eine dünne Schicht aus kleinen Kieselsteinen auf das Substrat aus. Es sorgt dafür, dass die Erde nicht weggeschwemmt wird.

3 DEN TEICHRAND ANLEGEN Mit Kies und sorgfältig ausgewählten Pflanzen lässt sich ein Teichrand einfach und pflegeleicht gestalten. Auch wenn ein Weg direkt um den Teich führen soll, ist Kies der ideale Wegbelag. Größere Steine wie etwa Findlinge dienen dazu, die Szenerie aufzulockern.

Teiche mit Stil: asiatisch, naturnah oder verspielt

Gestalten Sie Ihren Gartenteich so, dass er optimal mit Garten, Haus und Gartenmöbeln harmoniert. Für welche Stilrichtung Sie sich auch entscheiden: Lassen Sie Ihrer Fantasie freien Lauf und kreieren Sie Ihre persönliche Gartenteich-Oase.

1 Ein Hauch von Asien

Manchmal reicht eine asiatisch anmutende Statue oder eine Steinlaterne à la Japan, um einem Wassergarten einen asiatischen Touch zu geben. Noch harmonischer wird das Ganze, wenn Sie Kieselsteine in verschiedenen Größen am Teichrand platzieren und Pflanzen mit klaren Formen wählen: Zu einem asiatischen Teich passen beispielsweise Kalmus, Farne und am Rand ein Schlitz-Ahorn mit roten Blättern. Einen üppigen, leuchtenden Farbklecks setzen purpurfarbene Azaleen. Der Weg zum Teich könnte aus eleganten hellgrauen Platten bestehen.

2 Mediterrane Atmosphäre

Hier spielen Pflanzen ausnahmsweise einmal nicht die Hauptrolle: Ein Wasserbecken im mediterranen Stil erinnert fast schon an arabische Gartenkunst: Das sanft plätschernde Wasser verbreitet eine wohltuende, erfrischende Atmosphäre. Besonders harmonisch wirkt ein solches Becken, wenn es im Farbton zu Terrasse, Wegen und Treppen passt. Die Pflanzen halten sich bewusst im Hintergrund: Einige wenige Arten mit klaren Formen wie beispielsweise mehrere Agaven, reichen bei einer solchen Gestaltung völlig aus. Schlichte Wasserbecken müssen aber nicht immer mediterran sein: Je nach Material, Dekoration und Pflanzen passen sie auch gut zu einem modernen Haus und Garten.

3 Romantische Mitte

Ob im Landhaus-Garten oder im urbanen Innenhof: In einem streng formal gestalteten Stadtgarten wird das schlichte Wasserbecken zum meditativen Pol, der zum Ausruhen und zur Erholung einlädt. Unterschiedlich hohe Hecken strukturieren den Garten und begrenzen die Beete. Exakt in Kugelform geschnittener Buchs vollendet zusammen mit anderen Immergrünen das Gartenbild. Als Bepflanzung für das Wasserbecken genügen Seerosen mit ihren unvergleichlichen Blüten.

4 Leicht und modern

Wasser und Holz sind eine gelungene Kombination: So wird ein Deck aus schlichten Holzplanken rasch zum beliebten Treffpunkt für Jung und Alt: Das Holzdeck bietet z. B. Platz für Stühle und einen kleinen Kaffeetisch. Mit einem bequemen Liegestuhl wird das Deck zum Rückzugsort für Mußestunden. Weil alles in klaren Formen und einfachen Materialen gehalten ist, wirkt eine solche Gestaltung zeitlos und passt prima zu vielen Gartenstilen.

5 Naturnah

Hier dominiert die Natur, Sumpf- und Uferpflanzen dürfen üppig blühen. Ob Igelkolben oder Hechtkraut, Schwertlilie oder Kardinalslobelie: Mit etwas Geschick bei der Pflanzenwahl blüht es fast das ganze Jahr über rund um den Teich. Gauklerblumen blühen mit Blutweiderich und Goldfelberich um die Wette, während Büsche und Bäume mit ihren satten Grüntönen einen ruhigen Hintergrund schaffen. Und bald werden sich am Teich auch Frösche, Libellen und Wasserläufer einfinden.

Wasserqualität: Kontrolle ist besser

Wasserhärte, pH-Wert sowie Sauerstoff- und Nähr-stoffgehalt entscheiden darüber, ob das Wasser im Gartenteich für Pflanzen und tierische Bewohner bekömmlich ist. Im Fachhandel gibt es heute für alle wichtigen Wasserwerte Analyse-Sets, die ein-fach zu handhaben sind. Wenn Sie damit die Qua-lität des Teichwassers einmal im Monat messen, können Sie rechtzeitig eingreifen, wenn das biolo-gische Gleichgewicht einmal in Schieflage gerät.

Die Wasserhärte

Die meisten Teichbesitzer verwenden zum Befüllen Leitungswasser. Da dessen Härte je nach Region sehr unterschiedlich ist, sollen Sie den Wert unbe-dingt messen.

Gesamthärte Sie wird auch Wasserhärte genannt und gibt die Menge der im Wasser vorhandenen Karbonate (Kalzium- und Magnesiumsalze) und Nichtkarbonate (Salze der Schwefelsäure) an.

Maßeinheit sind die Deutschen Härtegrade (° dH). Optimal ist für einen Teich mittelhartes Wasser (10–20° dH). Dieser Wert ist wichtig, da die Wasser-härte die Zellfunktion und damit Lebensfähigkeit von Pflanzen und Tieren im Teich beeinflusst. Liegt der Wert unter oder über den optimalen Werten, müssen Sie dem Teichwasser einen im Fachhandel erhältlichen Teichaufhärter zusetzen: Er hilft, die Wasserhärte wieder auf einen verträglichen Wert einzustellen. **Karbonathärte** Die Karbonathärte bezeichnet den Anteil der im Wasser gelösten Kal-zium- und Magnesiumsalze. Die Karbonathärte wird ebenfalls in °dH gemessen. Damit der Säure-gehalt im Wasser stabil ist, muss der Wert zwischen 3 und 10° dH liegen.

Der Säuregehalt (pH-Wert)

Der pH-Wert misst den Säuregrad des Wassers. Er sagt aus, wie sauer, neutral oder basisch es ist. Teichwasser sollte neutral sein, also einen pH-Wert zwischen 6 und 7 haben. Liegt der Wert darunter, ist das Wasser zu sauer, liegt er darüber, ist es zu basisch; die Folge zeigt sich in vermehrtem Algen-wachstum und einem sinkenden Sauerstoffgehalt. Fische vertragen einen pH-Wert von 6 bis 9. Lassen Sie sich nicht irritieren, wenn der pH-Wert im Lauf des Tages stark schwankt: Dies ist normal. Erst wenn er dauerhaft vom empfohlenen Wert ab-weicht, sollten Sie eingreifen und ein Präparat aus dem Fachhandel zur Regulierung einsetzen.

Ein dekorativer Zierteich: Die Fontäne bewegt das Wasser und reichert es mit Sauerstoff an.

Ausreichend Sauerstoff

Der Sauerstoffgehalt im Wasser ist ganz wesentlich von der Wassertemperatur abhängig: Je kühler es ist, umso mehr Sauerstoff enthält es. Deshalb kann es in zu kleinen Teichen oder bei großer Hitze dazu kommen, dass der Sauerstoffgehalt im Wasser drastisch sinkt. Sein Wert sollte bei 12 mg pro Liter Wasser liegen; fällt er unter 9 mg pro Liter, beginnen Fische und andere Lebewesen an der Wasseroberfläche nach Luft zu schnappen. Messen Sie den Sauerstoffgehalt immer am Morgen: Da die Teichpflanzen durch die Photosynthese im Lauf des Tages Sauerstoff ans Wasser abgeben, wird die Messung sonst verfälscht.

Ist der Wert zu niedrig, haben Sie verschiedene Möglichkeiten einzugreifen:

› Ist die Teichpumpe abgestellt, schalten Sie sie wieder an. So wird das Wasser umgewälzt und dabei mit Sauerstoff angereichert. Auch Wasserspiele, Fontänen oder ein sprudelnder Quellstein sind eine gute Möglichkeit, auf sanfte Weise Sauerstoff ins Wasser zu bringen. Obendrein sind sie ein dekorativer Blickfang am Teich. Ein munter plätschernder Bach zeigt dieselbe Wirkung.

› Ist der Sauerstoffgehalt sehr niedrig oder leben viele Fische im Teich, sollten Sie einen Oxydator (→ Seite 15) einsetzen: Er bringt den Sauerstoffgehalt in kurzer Zeit wieder auf einen ausreichenden Wert.

› Natürlich geht's auch: Sorgen Sie für ausreichend Unterwasserpflanzen: Sie sind die besten Sauerstofflieferanten (→ Seite 56). Sie entziehen dem Wasser Nährstoffe und geben Sauerstoff ins Wasser ab. Wichtige Vertreter dieser Gruppe sind der Sumpfwasserstern und die Kanadische Wasserpest. Auf der Wasseroberfläche sorgen Seerosen, Seekanne oder Teichrose für eine gute Wasserqualität. Ihre großen Schwimmblätter erweisen sich als pri-

Klare Sicht: Damit der Blick auf die Fische im Teich immer ungetrübt ist, ist es unerlässlich, die Wasserwerte regelmäßig zu kontrollieren.

ma »Sonnenschirme« und beschatten das Wasser. Die Sonnenstrahlen können nicht bis in die Tiefe dringen, und das Wasser bleibt kühl und reich an Sauerstoff.

Nährstoffgehalt

Ist ein Teich zu klein oder leben in ihm viele Fische, gerät das biologische Gleichgewicht leicht ins Wanken. Fischkot und Fischfutter, absterbende Pflanzenteile und Herbstlaub bewirken, dass Phosphate, Ammonium und Nitrate ins Wasser gelangen. Sie wirken als Pflanzendünger und regen das Algenwachstum übermäßig an. Schließlich werden sie von Mikroorganismen abgebaut, die dabei viel Sauerstoff verbrauchen – der Teich kippt um. Sorgen Sie rechtzeitig für die Zufuhr von Sauerstoff und fischen Sie Laub und Algen aus dem Teich (→ Seite 28/29).

Der Gartenteich als Heim für Fische

Fische im eigenen Teich zu beobachten kann faszinierend sein. Wenn Sie sich für einen Teich mit Fischen entscheiden, müssen Sie sich jedoch darüber im Klaren sein, dass Sie auf einen naturnahen Teich mit Fröschen und anderen Wassertieren weitgehend verzichten müssen: Hungrige Fischmäuler vertilgen zwar die Larven von Stechmücken, machen aber auch vor Kaulquappen und anderen kleinen Tieren nicht halt. Lediglich wenige Fischarten wie Elritze, Moderlieschen oder Bitterling leben mit Wasserläufern, Libellen und Wasserkäfern in friedlicher Gemeinschaft im Teich.

Damit sich Fische in einem Teich wohlfühlen, sollte er mindestens 6 m² groß und 1 m tief sein. Dann können Sie sicher sein, dass das Wasser auch im Winter nicht ganz durchfriert und die Fische gut überleben können.

> Einheimische Fischarten wie Bitterling, Dreistachliger Stichling oder Elritzen sind für Gartenteiche gut geeignet, da sie zum einen an unser Klima angepasst sind und zum anderen nicht zu groß werden. Elritzen beispielsweise werden maximal 15 cm lang. Weil sie sich nur im Schwarm wohlfühlen, sollte man Gruppen von sechs bis acht Tieren einsetzen. Bitterlinge, die kleinsten einheimischen Karpfenfische, werden sogar nur 8 cm groß.

> Möchten Sie auch größere Fischarten halten, muss der Teich mindestens 20 m² groß und 1,2 m tief sein. In einem solchen Teich können zum Beispiel auch kleine Gruppen von Goldorfen, die bis zu 40 cm groß werden, den Winter überleben.

So geht es Fischen gut

Als Grundregel gilt: Setzen Sie nie zu viele Fische in den Teich, und bedenken Sie, dass die Fische wachsen und sich vermehren. Einige wenige Fische in einem naturnahen Teich können ohne technische Hilfsmittel wie Filter und Pumpen überleben. Bei einem größeren Fischbesatz kommen Sie ohne Hilfsmittel nicht aus, Sie müssen Sauerstoff zuführen und auch zufüttern.

In der zu einem Drittel mit Wasser und zwei Dritteln mit Luft gefüllten Plastiktüte überstehen Fische die Reise zum Gartenteich sicher.

Und üben Sie sich in Geduld: Setzen Sie Fische nicht in einen neu angelegten Teich, sondern warten Sie, bis sich das biologische Gleichgewicht eingestellt hat und die Pflanzen eingewachsen sind. Das kann einige Monate dauern. Wird der Teich im Herbst angelegt, warten Sie bis zum Frühjahr.

› Kaufen Sie Fische nur im Zoofachhandel und wählen Sie nur gesunde Fische: Diese atmen ruhig, die Augen sind klar, und die Flossen sind weder verletzt noch ausgefranst.

› Lassen Sie die Tiere für den Transport sicher verpacken. Große Fische kommen einzeln in einen Beutel, kleinere dürfen zu mehreren »reisen«. Die Beutel müssen zu einem Drittel mit Wasser gefüllt und gut verschlossen sein. So können Sie sie liegend, kühl und dunkel transportieren.

Kleine Tipps zur Fisch-Pflege

Ganz ohne Pflege kommen Fische im Lebensraum Gartenteich nicht aus.

› Filter und Pumpe sind für die Reinigung des Wassers in einem Fischteich meist unverzichtbar.

› Wenn Sie zufüttern, sollten Sie nur so viel Futter in das Wasser geben, wie die Tiere in ca. 10 Minuten fressen. Futterreste belasten sonst das Wasser mit zu vielen Nährstoffen.

› Nur in einem Teich, der so tief ist, dass er nicht durchfriert, können Fische überwintern, indem sie sich ins tiefe Wasser zurückziehen.

› Ein Eisfreihalter sorgt dafür, dass immer einige Stellen eisfrei bleiben und der Gasaustausch stattfindet. Faulgase entweichen, und die Fische bekommen genug Sauerstoff.

Geeignete **Fischarten**

ART	GRÖSSE IN CM	EIGENSCHAFTEN, ANSPRÜCHE
BITTERLING	5–8	silbrig, glänzender Körper, Flossen meist rötlich, Schwanzstiel mit grünlich schimmernden Streifen; für kleine Teiche ideal
DREISTACHLIGER STICHLING	4–10	lebhaft; Rücken dunkel- bis olivgrün, Bauch silbrig; schwimmt gerne an der Oberfläche; für kleine Teiche geeignet
ELRITZE	10–15	Schwarmfisch, der sich rasch an Menschen gewöhnt; zur Laichzeit farbenprächtig, sonst bräunlich gefärbt
GOLDFISCH	20–40	Schwarmfisch; goldfarben bis gelblich-weiß; anspruchslos und leicht zu halten; eher für größere Teiche geeignet
GOLDORFE	30–50	Schwarmfisch; Rücken orangerot bis golden, Bauch rotweiß, Flossen rötlich; nur für größere Teiche geeignet
ROTAUGE	15–35	friedlicher Schwarmfisch; variable Färbung, rot umrandete Pupille; für große Teiche geeignet
ROTFEDER	20–30	braungrüne bis gelbliche Färbung; kommt nah ans Ufer, sucht hier Kleintiere und Pflanzen; für größere Teiche geeignet

Wenn das Wasser trüb wird ...

Auch bei guter Pflege kommt es vor, dass das Wasser trüb wird: Ist beim Test (→ Foto) der Teller nicht mehr gut zu sehen, wird es Zeit, nach den Ursachen der Verunreinigung zu suchen.

Algenblüte

Gerade bei neu angelegten Teichen kommt es oft zur Algenblüte – das Wasser färbt sich grünlich und wird trüb. Ursache ist das Regenwasser, das viele Nährstoffe enthält und so als Dünger wirkt. Oft reicht es, einfach abzuwarten, und die Algen verschwinden von selbst, sobald auch die übrigen

Wasserpflanzen üppig wachsen und dem Wasser Nährstoffe entziehen. Treten jedoch auch in einem älteren Teich Algen auf, müssen Sie eingreifen: Fischen Sie die Algen einmal pro Woche mit einem Rechen ab. An heißen Tagen können Sie kühles Wasser zuführen, um das Algenwachstum zu bremsen. Sorgen Sie für eine abwechslungsreiche Bepflanzung mit Sumpf- und Unterwasserpflanzen und führen Sie eventuell mittels eines Oxydators Sauerstoff zu. Achten Sie auch darauf, dass kein Dünger ins Teichwasser eingeschleppt wird. Das Substrat für die Teichpflanzen muss nährstoffarm sein. Grenzen Rasen oder Blumenbeete dicht ans Wasser, kann über den Regen Dünger in den Teich geschwemmt werden. Verzichten Sie besser auf den Einsatz von Düngemitteln in der Nähe Ihres Teichs.

Wenn Pflanzen kränkeln

Gesunde Pflanzen werden selten krank. Sorgen Sie deshalb für optimale Standortbedingungen. Prüfen Sie die Pflanzen regelmäßig auf Schädlinge, dann können Sie rasch eingreifen, wenn doch einmal Plagegeister auftreten.

› Der Seerosenzünsler befällt Seerosen und andere Schwimmblattpflanzen. Seine Raupen schneiden kleine ovale Gewebestücke aus den Blättern und spinnen sich darin ein. Zurück bleiben auffällig stark perforierte Blätter, die schnell vergilben und vorzeitig absterben.

Ein einfacher Test: Ist der Teller in ca. 30 cm Wassertiefe noch gut zu sehen? Dann ist die Wasserqualität in Ordnung.

Algen breiten sich auf der Wasseroberfläche aus, wenn das Teichwasser zu warm ist und zu wenig Sauerstoff und zu viele Nährstoffe enthält.

Hier ist schnelle Hilfe gefragt: Wenn sich Blattläuse auf den Seerosen-Blättern ausbreiten, entfernt man die befallenen Pflanzenteile möglichst rasch.

› Schwarze Blattläuse breiten sich vor allem in den Sommermonaten an Blütenknospen und Schwimmblättern von Seerosen aus. Typische Kennzeichen sind Blätter, die gelb werden und vorzeitig absterben.

› Bei der Bekämpfung solcher Schädlinge sollten Sie jedoch auf die handelsüblichen Pestizide verzichten: Sie schaden den anderen Lebewesen im Teich. Auf schonendere Art und Weise werden Sie Schädlinge wieder los, wenn Sie geschädigte Pflanzenteile umgehend entfernen und so andere Pflanzen vor Befall schützen.

› Auch natürlicher Pflanzenschutz hilft. Gegen den Seerosenzünsler gibt es beispielsweise ein biologisches Spritzmittel gegen die Raupen. Bringen Sie das Präparat möglichst flächendeckend auf den Blättern der Seerosen aus. Ist der Befall mit Blattläusen gering, können Sie sie einfach mit einem weichen Wasserstrahl von den Blättern abspülen. Und fördern Sie mit Brutkästen nützliche Helfer aus der Vogelwelt: Für Singvögel und ihre Brut sind Larven, Läuse und viele Käfer wahre Leckerbissen. Die Entwicklungsphase des Seerosenkäfers fällt genau in die Hauptbrutzeit dieser Vögel.

Der Teich verliert Wasser

Verliert der Teich im Sommer durch die Verdunstung Wasser, füllen Sie es langsam nach. Ebenso können Wasserspiele, die zu viel Wasser verbrauchen, den Wasserspiegel sinken lassen. Fällt der Wasserspiegel jedoch stärker ab, ist dies ein Zeichen, dass der Teich nicht mehr richtig abgedichtet ist. Im schlimmsten Fall hat die Teichfolie ein Leck, weil sie vielleicht bei Pflegearbeiten am Teich verletzt wurde. Aber auch Ausläufer bildende Pflanzen wie Rohrkolben, Schilf oder Bambus können die Folie zerstören. In diesem Fall hilft es nur, das Wasser schrittweise abzupumpen, das Loch zu suchen und zu reparieren. Im Fachhandel gibt es für die verschiedenen Folientypen spezielle Reparatursets. Prüfen Sie auch, ob die Kapillarsperre beschädigt ist oder Pflanzen über die Sperre wuchern.

Pflanzen-Porträts

Pflanzen machen jeden Gartenteich zur Natur-Oase und sorgen dafür, dass er harmonisch in den Garten eingebettet ist. Je abwechslungsreicher Sie die Bepflanzung gestalten, umso mehr wird der Teich zu einer wahren Augenweide. Und dank der richtigen Wahl blüht es am Teich fast rund ums Jahr.

Seerosen, Froschbiss und Co.

Weil ein Gartenteich von der Uferzone bis ins tiefe Wasser sehr verschiedene Lebensräume bietet, findet hier eine ganze Palette unterschiedlichster Pflanzen ein Zuhause. Die Auswahl reicht von der Rosenprimel mit ihren weithin leuchtenden Blüten über die gelbe Trollblume sowie Blutweiderich, Gauklerblume und Hechtkraut, Blumenbinse und Froschlöffel bis hin zu den Primadonnen des Gartenteichs, den Seerosen, sowie den Unterwasserpflanzen. Nehmen Sie sich deshalb Zeit, die Ansprüche der einzelnen Arten zu studieren, und komponieren Sie dann Ihr ganz eigenes Bukett aus Teichpflanzen.

Die Pflanzen am und im Teich bieten aber nicht nur einen schönen Anblick, sondern tragen außerdem dazu bei, dass das kleine Ökosystem Gartenteich funktioniert: Denn diese Pflanzen entziehen dem Wasser Nährstoffe und reichern es mit Sauerstoff an. So sorgen sie dafür, dass das Wasser klar und sauber bleibt und viele verschiedene Tiere wie Insekten, Amphibien und Fische im Teich einen Lebensraum finden. Eine weitere wichtige Funktion: Die Pflanzen am Rand des Gartenteichs befestigen das Ufer.

Jede dieser Pflanzen braucht jedoch einen ganz bestimmten Standort, um zu gedeihen. Während Uferpflanzen trockene bis feuchte und nur ab und zu überschwemmte Böden lieben, bevorzugen die Pflanzen der Sumpfzone einen nassen Standort. Die Pflanzen der Flachwasserzone wollen mit den Füßen sogar im Wasser stehen. Und während Seerosen und andere Schwimmblattpflanzen das tiefe Wasser lieben, aber Blüten und Blätter noch über die Wasseroberfläche recken, sind die Unterwasserpflanzen ganz abgetaucht und erfüllen ihre Aufgabe im Verborgenen.

Primula rosea

Rosenprimel

WUCHSHÖHE 40 cm | **BLÜTEZEIT** März–April
BLÜTENFARBE rosaviolett

Diese attraktive Pflanze ist ein echter Überraschungsgast am Gartenteich, denn sie ist die Erste, die den Frühling begrüßt: Während die meisten Sumpfpflanzen sich noch im Winterschlaf befinden, leuchten die Blüten der Rosenprimel bereits von Weitem. Die Uferstaude, die ursprünglich aus Kaschmir und Afghanistan stammt, ist bei uns auch als rosarote Frühlingsprimel bekannt.

Aussehen Die zierliche Schönheit bildet dichte Tuffs, die aus einem kräftigen Wurzelstock treiben. Mit ihren intensiv violett-roten Blüten setzt die Rosenprimel am Ufer besonders auffällige Farbtupfer. Die Blätter der Pflanze sind dunkelgrün und lanzettlich geformt mit stumpfer Spitze. Der Blütenstiel, der bereits vor den Blättern erscheint, wird zur Blütezeit etwa 20 cm hoch, später kann er eine Höhe von fast einem halben Meter erreichen. An seiner Spitze breiten sich Dolden aus, die sich aus vier bis zwölf Einzelblüten zusammensetzen.

Standort Die langlebige Uferstaude gedeiht am besten in der feuchten Zone des Ufers. Besonders reichlich Blüten bildet die zierliche Schönheit, wenn Sie ihr einen sonnigen Platz reservieren. Die Pflanze kommt aber auch mit einem halbschattigen Standort zurecht. Bedenken Sie bei der Standortwahl: Je sonniger der Platz, desto feuchter muss der Boden sein. Die Rosenprimel mag zwar nicht ständig mit den Füßen im Wasser stehen, verträgt jedoch vorübergehend einen recht hohen Wasser-

 Sonne Halbschatten ● Schatten

FARBENSPIEL Die rotvioletten Blüten von Rosenprimel (links) und Orchideenprimel (rechts oben)
ziehen die Blicke magisch auf sich.

KONTRAST Eine reizvolle Ergänzung ist die weiße
Variante der japanischen Etagenprimel.

stand. Für eine dichte Pflanzung brauchen Sie etwa
10–15 Pflanzen pro Quadratmeter.

Pflege/Vermehrung Sobald die Blüten verwelkt
sind, sollten Sie sie zusammen mit den Stängeln
abschneiden – das verlängert die Lebensdauer der
Pflanze. Vermehren können Sie die Primel ganz einfach über Aussaat oder Teilung des Wurzelstocks.

Besonderheiten Die Rosenprimel ist robust, langlebig und winterhart. Sie zeigt häufig bereits schon
ab Februar ihre Blüten und ist auch für Bachläufe
eine schöne Begleiterin.

Gestaltung Für ein Beet zwischen Terrasse und
Teich ist die die aparte Pflanze ideal geeignet und
zusammen mit der Weißen Sumpfdotterblume
(*Caltha palustris* 'Alba') ein schöner Blickfang. Die
beiden bilden ein perfektes Duo, da sie fast zeit-
gleich im Frühjahr blühen. Zudem sind die leuchtend violettrosa Blüten der Rosenprimel ein herr-
licher Kontrast zu den weißen Blüten der Sumpfdotterblume. Andere gute Begleiter für Rosenprimel
sind weitere Sorten der Sumpfdotterblume wie
'Multiplex' mit ihren goldgelb gefüllten Blüten
(→ Seite 40). Noch eine hübsche Kombination
ergibt sich, wenn Sie die Rosenprimel an den
Rand des Wassers pflanzen sowie Zwerg-Binse
und Zwerg-Rohrkolben in den Hintergrund setzen
(→ Seite 43).

Weitere Arten Die Rosenprimel hat mehrere Verwandte, die sich ebenfalls für die Uferbepflanzung
eignen und nicht weniger dekorativ sind. Ein Bei-

spiel ist die Orchideenprimel *(Primula vialii)*. Diese
auffällige Uferstaude hat einen 30–60 cm hohen
Stiel, an der eine Ähre aus zahlreichen winzigen
Blüten steht. Besonders attraktiv ist der zauberhafte Farbkontrast zwischen den ungeöffneten schar-
lach-karminfarbenen Blüten und den geöffneten
lavendelblauen. Da die Pflanze relativ spät austreibt, sollten Sie ihren Standort markieren, damit
sie bei Pflegearbeiten nicht versehentlich verletzt
wird. Die aus Asien stammende Orchideenprimel
fürchtet große Kälte. Schützen Sie die Pflanze deshalb im Winter mit einer dicken Laubschicht, oder
lassen Sie die zarte Schönheit frostfrei im Haus
überwintern.

Bulleys Etagenprimel *(P. bulleyana)* mag ebenfalls
einen Platz am Ufer. Ihre Besonderheit: Sie glänzt
mit orangegelben, duftenden Einzelblüten. Am
liebsten hat diese Primel einen Sonnenplatz und
feuchten Boden. Die Japanische Etagenprimel
(P. japonica) stammt, wie der Name schon sagt, aus
Japan. Hier trifft man sie häufig in Höhenlagen am
Rand von Wasserläufen an. Im Gegensatz zu anderen Primelarten bevorzugt sie einen Platz im Halbschatten. Sie ist die blühfreudigste Art unter den
Primeln: An ihrem 50 cm hohen Blütenstängel sind
etagenförmig Quirle angeordnet, an denen rote
und zum Teil auch rosa Blüten hängen. Die Pflanze
vermehrt sich durch Selbstaussaat. Will man die
Primel an ihrem Standort vermehren, schneidet
man sie nach der Blüte nicht zurück.

Eine weitere im Handel erhältliche Sorte ist die
Tibet-Sommerprimel *(P. florindae)*. Diese spät blühende Art wird auch Sommer-Glockenprimel
genannt. Auffällig sind ihre schwefelgelben Blüten,
die als Dolde an den fast 120 cm hohen Blütenstie-
len hängen. Sie bilden den Schlussakkord im Pri-
mel-Reigen und blühen erst von Juli bis August.

Lysimachia punctata
Goldfelberich

WUCHSHÖHE 60–100 cm | **BLÜTEZEIT** Juni–
August | **BLÜTENFARBE** goldgelb

Der Goldfelberich ist eine heimische Uferstaude
und in Europa sehr verbreitet. Er wächst meist in
Gruppen an Flussufern oder Feuchtwiesen.

Aussehen Die Pflanze hat einen aufrechten, dicht-
buschigen Wuchs mit behaarten und unverzweigten Stängeln. Die in Dreier- und Vierer-Grüppchen
quirlig angeordneten Blätter sind eiförmig, hellgrün
und auf der Blattunterseite dunkel punktiert. Die
sternförmigen goldgelben Einzelblüten, die zu dritt
oder zu viert in den Blattachseln der Stiele wachsen, bilden reich blühende Trauben.

Standort Feuchte Böden am Uferrand im Halbschatten sind der ideale Standort für den Goldfelberich. Er gibt sich aber auch mit einem schattigen
Platz zufrieden. Sofern Sie ihn an einen sonnigen
Standort pflanzen, dürfen Sie jedoch nicht verges-
sen, ihn regelmäßig zu gießen. Pflanzdichte:
6–10 Pflanzen/m².

Pflege/Vermehrung Da der Goldfelberich stark
wuchert, sollten Sie ihn regelmäßig zurückschneiden sowie die Ausläufer abtrennen. Durch Teilung
des Wurzelstocks oder durch Stecklinge können Sie
die Pflanze leicht vermehren.

Besonderheiten Aufgrund seiner Wüchsigkeit
eignet sich der Goldfelberich nur für größere Teiche. Ein Pluspunkt: Man kann ihn auch sehr gut als
Schnittblume für die Vase verwenden.

Gestaltung Besonders gut kommt der Goldfelberich in Kombination mit dem Blutweiderich (→ Seite 38) zur Geltung.

Weitere Arten Zierlicher als der Goldfelberich ist
der Bewimperte Felberich *(Lysimachia ciliata)*. Er
blüht zur gleichen Zeit und wird bis zu 1,20 m hoch,
wuchert jedoch wesentlich weniger. Der Strauß-
Goldfelberich *(L. thyrsiflora)* erreicht nur 70 cm
Höhe und eignet sich wie der Bewimperte Felberich
für das Ufer von kleinen Teichen. Beide Pflanzen
kommen mit schwankenden Wasserständen gut
zurecht. Wüchsige Bodendecker sind der Pfennig-
Gilbweiderich *(L. nummularia)* und das Goldpfennig-
kraut *(L. nummularia* 'Aurea'). Mit beiden können
Sie die Ränder von Folienteichen und Fertigbecken
wundervoll kaschieren. Die Pflanzen wachsen im
feuchten Boden der Uferzone, gedeihen aber auch
im flachen Wasser. Sie bevorzugen sonnige bis
halbschattige Lagen. Für einen schattigen Platz
am Teichrand eignet sich der Wald-Gilbweiderich
(L. nemorum) am besten.

 Sonne ⬕ Halbschatten ● Schatten

Trollius europeaus

Trollblume

WUCHSHÖHE 30–60 cm | **BLÜTEZEIT** Mai–Juni
BLÜTENFARBE gelb

Etwa 25 Trollblumen-Arten sind bis in die arktischen Zonen der Nordhalbkugel verbreitet. Die aus Europa stammende Heimische Trollblume wächst auf feuchten Wiesen.

Aussehen Die hübsche Trollblume trägt viele Namen: Sie wird auch Goldköpfchen, Butterkugel oder Kugelranunkel genannt. Charakteristisch für diese Pflanze sind die kugeligen, gelben, 2–3 cm großen Blüten, die an den unverzweigten und wenig belaubten Stängeln sitzen. Die Blätter sind gestielt und handförmig geteilt. Die Blattoberseite

ist dunkelgrün, die Unterseite etwas heller gefärbt. Die Blütenblätter bilden eine Kuppel, die oben nur einen kleinen Durchlass aufweist. Nur an dieser Stelle gelangen kleine Fliegen in die Blüte. Sie bestäuben sie, indem sie ihre Eier in die Fruchtknoten legen. Die Larven ernähren sich von den Samen der Pflanze.

Standort Die Trollblume steht am liebsten in feuchten Uferzonen in kalkarmen Lehmböden. Ein Platz am Teichrand, der zeitweilig von der Sonne beschienen wird, ist für sie ideal. Pflanzdichte: 6–9 Pflanzen/m².

Pflege/Vermehrung Wenn Sie die Pflanze rechtzeitig zurückschneiden, kann sie eine zweite Blüte hervorbringen. Vermehren können Sie sie durch Aussaat oder Teilung.

Besonderheiten Diese schöne Uferstaude ist eine sehr gute Schnittblume.

Gestaltung Die gelben Blüten leuchten besonders schön vor einem dunklen Hintergrund und bilden mit den Blüten des Blutweiderichs (→ Seite 38) einen herrlichen Kontrast.

Weitere Arten und Sorten Die Sorte 'Golden Queen' der Chinesischen Trollblume (*T. chinensis*) mit orangefarbenen Schalenblüten ist – ebenfalls vor einem dunklen Hintergrund – eine aparte Alternative. Die Pflanze wird bis zu 1 m hoch und bevorzugt den gleichen Standort wie ihre europäische Verwandte. Im Handel werden auch diverse Hybriden angeboten. Interessante Sorten sind beispielsweise 'Alabaster' mit rahmweißen und 'Helios' mit zitronengelben Kugelblüten. Die aus Westchina stammende zierliche Yunnan-Trollblume (*T. yunnanensis*) wird nur 30–60 cm hoch. Ungewöhnlich an dieser Trollblume sind die fein gezähnten, stachelspitzigen Blätter sowie die gelben schalenförmigen Blüten, die nach unten geneigt sind.

Lobelia cardinalis
Kardinalslobelie

WUCHSHÖHE bis 120 cm | **BLÜTEZEIT** Juli–September | **BLÜTENFARBE** scharlachrot

Die Kardinalslobelie stammt aus Nordamerika und ist an feuchten Standorten weit verbreitet.

Aussehen Die scharlachroten Blüten, die in einer fast 50 cm langen Traube stehen, sind schon von Weitem ein echter Blickfang. Die dunkelgrünen Blätter sitzen unter den Blüten an aufrechten Stielen.

Standort Die Pflanze wächst am Ufer, aber auch im Sumpf in maximal 5 cm tiefem Wasser.

Pflege/Vermehrung Die Kardinalslobelie ist nicht winterhart, schützen Sie sie daher bei Kälte mit einer Laubschicht. Die Vermehrung erfolgt durch Stecklinge im Frühjahr.

Besonderheiten Kardinalslobelien gibt es mit grünem und weinrotem Laub.

Gestaltung In Horsten mit sechs bis neun Pflanzen pro Quadratmeter wirken sie besonders gut.

Weitere Arten L. siphilitica 'Alba' hat weiße, L. sessilifolia leuchtend blaue Blüten.

Myosotis palustris
Sumpfvergissmeinnicht

WUCHSHÖHE bis 30 cm | **BLÜTEZEIT** Mai–September | **BLÜTENFARBE** blau

Die zierliche Pflanze wächst auf feuchten Wiesen und an Gewässern besonders reichlich.

Aussehen Das Sumpfvergissmeinicht breitet sich flach auf dem Boden aus und hat blassgrüne, ungestielte Blätter. Die zahlreichen kleinen blauen Blüten sitzen in lockeren Trauben.

Standort Das Sumpfvergissmeinicht ist zwar eine Uferpflanze, kann aber zeitweilig auch im Wasser stehen. Pflanzdichte: 8–12 Pflanzen/m².

Pflege/Vermehrung Die Pflanze sät sich am Standort von selbst aus.

Besonderheiten Die Uferstaude verwildert leicht.

Gestaltung Der hübsche Bodendecker kaschiert mit seinen Blüten den Teichrand. Sehr wirkungsvoll ist die Kombination mit weiß blühendem Eisenhutblättrigem Hahnenfuß (Ranunculus aconitifolius).

Weitere Sorten Im Handel erhältlich ist auch das Weiße Sumpfvergissmeinicht 'Icepearl'.

 Sonne · Halbschatten · Schatten

Bistorta officinalis

Wiesenknöterich

WUCHSHÖHE bis 90 cm | **BLÜTEZEIT** Mai–August | **BLÜTENFARBE** rosa

Die heimische Staude ist in Bergregionen auf Feuchtwiesen, in Gräben und im lichten Unterholz von Auwäldern sehr verbreitet.
Aussehen Der Wiesenknöterich ist ein wüchsiger Bodendecker mit horstartig buschigem Wuchs und lanzettlichen Blättern. Besonders eindrucksvoll sind die zahlreichen leuchtend rosafarbenen Blütenähren, die bis zu 15 cm lang werden.
Standort Die Uferpflanze liebt feuchten Boden am Teichrand.
Pflege/Vermehrung Vermehrung durch Teilung oder über Stecklinge. Regelmäßig auslichten.
Besonderheiten Da die Pflanze üppig wächst, besiedelt sie mit der Zeit größere Flächen.
Gestaltung Der Wiesenknöterich wirkt am besten als großer Tuff (mindestens 6 Pflanzen/m²).
Weitere Arten Der kleinwüchsige Ährenknöterich *(B. macrophyllum)* blüht in karminroten Ähren.

Ranunculus acris ‘Multiplex’

Goldranunkel

WUCHSHÖHE 60–100 cm | **BLÜTEZEIT** März–Mai | **BLÜTENFARBE** goldgelb

Die Goldranunkel ist auch unter den Namen Butterblume, Gefüllter Wiesenhahnenfuß oder Goldknöpfchen bekannt. Die alte Bauergartenpflanze wächst auf feuchten, nährstoffreichen Wiesen.
Aussehen Die Pflanze wächst buschig. Ihre dunkelgrünen Blätter sind gesägt, die dicht gefüllten gelben, kugeligen Blüten sitzen auf langen Stielen.
Standort Die Goldranunkel mag feuchte Böden am Uferrand in wechselsonniger Lage. Pflanzdichte: 5–9 Pflanzen/m².
Pflege/Vermehrung Aussaat oder Teilung der Pflanze nach der Blüte im Frühsommer.
Gestaltung Ein passender Begleiter ist der Wiesenknöterich (→ links).
Weitere Arten und Sorten Schöne Varianten sind der weiß blühende Eisenblättrige Hahnenfuß *(R. aconitifolius)* und der kleinwüchsige Knollige Hahnenfuß *(R. bulbosus* ‘Pleniflorus’) mit grüngelben Blüten.

Lythrum salicaria

Blutweiderich

WUCHSHÖHE 60–150 cm | **BLÜTEZEIT** Juni–September | **BLÜTENFARBE** rotviolett

Der Gewöhnliche Blutweiderich ist in Europa und Asien beheimatet. Rund um den ganzen Globus gibt es etwa 35 Arten.

Aussehen Die mehrjährige Pflanze wird bis zu 2 m hoch und 1,5 m breit. Sie bildet einen aufrechten buschigen Horst, der wenig verzweigt ist. Aus dem Rhizom der Pflanze wachsen bis zu 50 behaarte, vier- bis mehrkantige, kräftige, aufrechte Stängel. Über untergetauchte Sprosse wird das Rhizom mit Sauerstoff versorgt. Die auffällige Sumpfstaude ist für die Gestaltung des Teichrands sehr begehrt, denn ihre leuchtenden Blüten bilden eine lange kerzenförmige Rispe. Je nach Art erscheinen die Blüten in vielen Farbschattierungen: Die Palette reicht von rotviolett, rosarot bis fuchsienrot, und die Blüten leuchten den ganzen Sommer über. Die kompakten rotvioletten Blütenähren üben auf viele Tiere große Anziehungskraft aus: Sie locken Tagschmetterlinge an und sind für die Raupen der Nachtpfauenaugen ein beliebter Nektarspender. Auch Bienen und Prachtlibellen lassen sich gerne auf den leuchtenden Blüten nieder.

Standort Diese einheimische Staude bevorzugt feuchte bis nasse Böden in der Sumpfzone rund um den Teich. Der Boden darf auch zeitweise überschwemmt sein. Sogar in bis zu 10 cm tiefem Wasser gedeiht der Blutweiderich noch. Er mag einen sonnigen Standort, aber auch an einem halbschattigen Platz bildet die attraktive Pflanze noch reich-

 Sonne Halbschatten ● Schatten

VIOLETTES FEUERWERK Eine ideale Bepflanzung für einen naturnahen Teich ist der Blutweiderich: Seine leuchtenden Blütenähren sind nicht nur eine Augenweide, sondern dienen vielen Insekten als wichtige Futterquelle.

lich ihre leuchtenden Blüten aus. Pflanzdichte: 5–7 Pflanzen/m².

Pflege/Vermehrung Der Blutweiderich vermehrt sich leicht durch Selbstaussaat, vorausgesetzt, der Boden besitzt genügend Feuchtigkeit. Eine einzelne Pflanze kann bis zu drei Millionen Samen produzieren, die durch Wind und Wasser weitergetragen werden. Die Samen haften sich leicht an den Federn von Wasservögeln fest, die sie auf diese Weise verbreiten. Die Samen keimen in feuchtem Boden im darauf folgenden Frühjahr. Wenn Sie allerdings die vertrockneten Blüten der Pflanze im Sommer zurückschneiden, um eine Nachblüte im Herbst zu erzielen, kann die Pflanze keine Samen produzieren. Möchten Sie sie dennoch vermehren, können Sie einfach den Wurzelstock teilen.

Ansonsten ist der Gewöhnliche Blutweiderich eine pflegeleichte, robuste Pflanze und äußerst anspruchslos. Lediglich einen Verjüngungsschnitt im Frühjahr sollten Sie gelegentlich durchführen, damit die Pflanze anschließend wieder kräftig austreibt. Zu diesem Zweck kürzen Sie die Zweige knapp über dem Boden ein.

Besonderheiten Der Blutweiderich ist äußerst robust, zuverlässig winterhart und gegenüber Schädlingen und Krankheiten resistent. Die Pflanze wuchert nicht, da sie keine Ausläufer bildet. Ihre Horste werden mit den Jahren aber immer kräftiger. Die leuchtenden Blüten haben eine ausgezeichnete Fernwirkung.

Gestaltung Der Blutweiderich ist hervorragend für die Einzelstellung geeignet, reservieren Sie ihm deshalb einen besonderen Platz am Teichrand. In Kombination mit anderen höher wachsenden Arten macht der Blutweiderich eine besonders gute Figur. Das kühle Rotviolett der Blüten bildet mit den warmen Gelbtönen der Blüten der Trollblume und des Goldfelberichs (→ Seite 34/35) einen reizvollen Kontrast. Ein harmonisches Farbenspiel entsteht, wenn Sie den Blutweiderich mit der Blumenbinse (→ Setie 48) kombinieren. Auch als Pflanze für den Hintergrund eines kleinen Wassergartens ist der Blutweiderich eine ideale Besetzung. Und selbst in engen Gefäßen wird die Pflanze noch fast 1 m hoch. Sie können den Blutweiderich deshalb auch iln großen Holzfässern oder Metallkübeln neben einem Wasserbecken aufstellen. Auch als Begleiter für einen Miniteich kommt die imposante Sumpfstaude wunderschön zur Geltung.

Weitere Arten und Sorten Zu den bekanntesten Sorten zählt die bis zu 1,5 m hohe 'Feuerkerze' mit ihren leuchtend rosafarbenen Blüten. Kleinwüchsige Sorten werden zwar nur bis zu 70 cm groß, blühen dafür aber genauso auffällig. Sie verschönern den Rand von kleinen Teichen. Zu ihnen gehört 'Rose Queen' mit violettroten Blüten sowie 'Zigeunerblut', deren dunkelrote Blüten besonders eindrucksvoll sind. Die Sorte 'Stichflamme' bildet eine Ausnahme unter den Weiderichgewächsen: Sie besitzt großblumige rote Blüten.

Ein naher Verwandter des Blutweiderichs, der Rutenweiderich (*L. virgatum*) ist ebenfalls in Europa und Westasien sehr verbreitet. Er ähnelt dem Blutweiderich, blüht allerdings purpurrot. Die wuchskräftige Pflanze wird bis zu 1,5 m hoch und sollte deshalb besser nur an den Rand von größeren Teichen gesetzt werden.

Caltha palustris

Sumpfdotterblume

WUCHSHÖHE 20–60 cm | **BLÜTEZEIT** März–Mai
BLÜTENFARBE goldgelb

Auf der Nordhalbkugel kommt diese heimische
Pflanze noch bis in einer Höhe von 2400 m vor.
Dort ist sie an Bachufern auf feuchten und sumpfi-
gen Wiesen sehr verbreitet.

Aussehen Die schöne Sumpfpflanze begrüßt mit
ihren fröhlichen goldgelben Blüten als eine der
Ersten den Frühling. Der rundliche Horst der Staude
besteht aus dunkelgrünen, herzförmigen, fast
15 cm großen Blättern, die an aufrechten oder kriechenden Stielen sitzen. Typisch für die Sumpfdotterblume sind die runden, goldgelb glänzenden

Schalenblüten. Die Pflanze, die sich polsterartig
ausbreitet, überdeckt mit der Zeit unschöne Teichränder.

Standort Die Sumpfstaude wächst nicht nur in der
Sumpfzone, sondern auch im staunassen Boden
des Ufers gut. Pflanzdichte: 6–8 Pflanzen/m².

Pflege/Vermehrung Da die Sumpfdotterblume
stark wuchert, sollten Sie hin und wieder dafür sorgen, sie in Zaum zu halten. Dazu stechen Sie den
Wurzelballen seitlich ab (Vorsicht bei Folienteichen!). Die Pflanze sät sich am Standort leicht aus
und kann auch durch Teilung der Horste leicht vermehrt werden.

Besonderheiten Die Sumpfdotterblume ist sehr
pflegeleicht und zuverlässig winterhart. Die Blätter
können bei starker Hitze allerdings von Mehltau
befallen werden. Entfernen Sie kranke Blätter möglichst rasch.

Gestaltung Die Sumpfdotterblume kommt in größeren Tuffs sehr gut zur Geltung. Setzen Sie sie deshalb möglichst dicht zusammen. Eine prima farbli-
che Ergänzung ist die Rosenprimel *(Primula rosea)*.

Weitere Arten und Sorten Die weiß blühende
Sorte 'Alba' wird nur 15–20 cm hoch. Sie beginnt
bereits zwei Wochen vor der Art zu blühen, ist allerdings durch Spätfrost gefährdet. Die Sorte 'Plena',
auch 'Multiplex' genannt, ist eine Zuchtform mit
kräftig goldgelb gefüllten Blüten. Sie blüht ausdauernd und sehr lange. 'Auenwald' ist eine großblumige Sorte, ebenfalls mit goldgelb gefüllten Blüten.
Die Unterart *C. palustris* var. *palustris* hat dagegen
hellgelbe Blüten. Sie wächst in 5–30 cm Wassertiefe und eignet sich sowohl für das Ufer als auch für
Sumpf- und Flachwasserpartien. Die Schwimmende
Dotterblume *(C. natans)* ist je nach Standort eine
schwimmende oder im Sumpf kriechend wachsende Art. Sie trägt kleine weiße Blüten.

 Sonne Halbschatten ● Schatten

Mimulus guttatus

Gauklerblume

WUCHSHÖHE 20–60 cm | **BLÜTEZEIT** Juni–Oktober | **BLÜTENFARBE** gelb

Die Gauklerblume stammt ursprünglich aus dem westlichen Nordamerika und wächst an Bach- und Flussufern, Gräben sowie Quellen. Im Jahr 1814 wurde sie als Zierpflanze nach Schottland eingeführt, verwilderte und verbreitete sich von dort über Europa aus. In Mitteleuropa kommt sie nur vereinzelt in naturbelassenen Gebieten und an wasserreichen Orten wie Bächen und Flussufern vor.

Aussehen Auffällig sind die zahlreichen, leuchtend gelben Blüten, die im Inneren kleine rote Punkte aufweisen. Deshalb wird die Pflanze auch Gefleckte Gauklerblume genannt. Die Blüten sitzen an aufrechten Stängeln. Die Gaubklerblume ist eine mehrjährige Pflanze, die sich über rasch einwurzelnde Ausläufer ausbreitet. Die Stängel sind kahl oder schwach behaart. Ihre hellgrünen Blätter sind länglich oval und am Rand gezähnt.

Standort Die dekorative Sumpfstaude entwickelt sich auch noch im feuchten Boden des Ufers gut. Pflanzdichte: 8–10 Pflanzen/m².

Pflege/Vermehrung Entfernen Sie regelmäßig die verwelkten Blüten, damit sich die Pflanze nicht selbst aussät und sich mit der Zeit am Teichufer zu stark ausbreitet. Wenn Sie die Pflanze nach der Blüte zurückschneiden, fördert dies die Nachblüte. Zur Vermehrung setzen Sie im Mai Stecklinge an feuchten Uferstellen oder im Sumpf. Sie können auch die Samen aussäen.

Besonderheiten Der goldgelbe Dauerblüher ist ausgesprochen winterhart und kann auch in Pflanzenmatten zur Uferbefestigung verwendet werden. Die üppig blühende Staude verwildert ausgesprochen leicht.

Gestaltung Die gelben Blüten der Gauklerblume bilden einen starken Kontrast zu den roten Blüten der Blutweiderich-Sorte 'Stichflamme' (→ Seite 38/39), sie sind aber auch als Ton-in-Ton-Kombination mit den orangefarbenen Blüten der Chinesischen Trollblume 'Golden Queen' ein optischer Genuss.

Weitere Arten und Sorten Eine interessante nah verwandte Art ist die 60 cm hohe Affenblume *(M. ringens)*: Sie hat lavendelblaue Rachenblüten. Sehr reizvoll ist auch eine Sorte der Kupferroten Gauklerblume *(M. cupreus)*: 'Roter Kaiser' trägt leuchtend scharlachrote Blüten. *M. x hybridus* 'Tigrinus Grandiflorus' glänzt mit gelben Trompetenblüten. Beide werden nur etwa 20 cm groß.

Acorus calamus

Kalmus

WUCHSHÖHE 80 cm | **BLÜTEZEIT** Juni–Juli
BLÜTENFARBE grüngelb

Der aus Indien stammende Kalmus ist seit dem 16. Jahrhundert in Mitteleuropa eingebürgert und hat sich als aparte Teichpflanze etabliert.
Aussehen Die Pflanze hat schlanke, aufrechte Blätter, die beim Zerreiben aromatisch duften. Sie fällt vor allem durch ihren kolbenartigen Blütenstand auf, der aus Hunderten gelbgrüner Blütchen besteht.
Standort Kalmus mag einen sonnigen Standort, verträgt aber auch Halbschatten. Pflanzdichte: 3–5 Pflanzen/m².
Pflege/Vermehrung Regelmäßig zurückschneiden. Vermehrung durch Teilung oder Rhizomstecklinge.
Besonderheiten Weil Kalmus wuchert, setzt man ihn in kleinen Teichen besser in Pflanzkörbe.
Gestaltung Die Pflanze bildet einen schönen Kontrast zum Laub anderer Gewächse.
Weitere Sorten Sehr dekorativ ist die weiß gestreifte Sorte 'Variegatus'.

Calla palustris

Sumpfcalla

WUCHSHÖHE bis 20 cm | **BLÜTEZEIT** Mai–Juli
BLÜTENFARBE weiß

Die auf der ganzen Nordhalbkugel beheimatete Sumpfcalla ist auch unter den Namen Drachenwurz und Schlangenkraut bekannt.
Aussehen Die Staude kann mit ihren glänzend grünen Blättern ganze Flächen dicht bedecken. Auffällig sind die Blüten aus weißen Hochblättern, die kleine gelbgrüne Blütenkolben umhüllen. Ab August entwickeln sich daran rote, giftige Beeren.
Standort Die Sumpfcalla bevorzugt zwar Sonne, wächst aber auch an halbschattigen Plätzen. Pflanzdichte: 7–12 Pflanzen/m².
Pflege/Vermehrung Die Pflanze wuchert stark, kürzen Sie deshalb die Seitentriebe regelmäßig ein. Vermehrung durch Rhizomteilung.
Besonderheiten Die Pflanze eignet sich auch für kleine Sumpfbecken mit torfhaltigem Moorboden.
Gestaltung Hübsch als Solitärpflanze oder zusammen mit Zwergbinse und Zwerg-Rohrkolben.

 Sonne Halbschatten ● Schatten

Juncus ensifolius

Zwergbinse

WUCHSHÖHE 30 cm | **BLÜTEZEIT** Juni–August
BLÜTENFARBE braun

Die zierliche, aus Nordamerika stammende Art eignet sich besonders für kleine Teiche gut.

Aussehen Die Schwertblättrige Zwergbinse bildet niedrige, breite Horste aus. Die schwarz-braunen Blütenähren erscheinen ab Juni an der Spitze der hellgrünen, schmalen Blätter.

Standort Die Zwergbinse mag sonnige Plätze im flachen Wasser, wächst aber auch in der Uferzone im Halbschatten. Pflanzdichte: 9–15 Pflanzen/m².

Pflege/Vermehrung Durch Teilung oder Aussaat.

Besonderheiten Die Zwergbinse eignet sich hervorragend für die Befestigung des Ufers.

Gestaltung Die Sumpfstaude wirkt aufgrund ihrer filigranen Stängel am Rand von kleinen Teichen besonders gut.

Weitere Arten Die Blaugrüne Binse (*J. inflexus*, 60 cm) und die Flatterbinse (*J. effusus*, 1 m) eignen sich besser für größere Gewässer.

Typha minima

Zwerg-Rohrkolben

WUCHSHÖHE 50–60 cm | **BLÜTEZEIT** Juni–Juli
BLÜTENFARBE grün/braunschwarz

Diese einheimische Art ist der zierlichste aller Rohrkolben und besonders gut geeignet für einen kleinen Teich.

Aussehen Der Zwerg-Rohrkolben besitzt aufrecht stehende, schmale, grasartige Blätter. Ab Mai bilden sich die 4 cm langen braunen Kolben mit den winzigen Blüten.

Standort Die pflegeleichte Pflanze gedeiht in der Sonne wie im Halbschatten gleich gut. Pflanzdichte: 5–7 Pflanzen/m².

Pflege/Vermehrung Alte Stängel im Frühjahr über der Wasseroberfläche abschneiden.

Besonderheiten Wintergrüne Staude.

Gestaltung Der Zwerg-Rohrkolben bildet einen ruhigen Hintergrund für Blütenstars wie die Sumpfdotterblume oder Sumpfcalla (→ Seite 40, 42).

Weitere Arten Der Breitblättrige Rohrkolben (*T. latifolia*) eignet sich nur für große Teiche.

Iris pseudacorus

Sumpfschwertlilie

WUCHSHÖHE bis 150 cm | **BLÜTEZEIT** Mai–Juni
BLÜTENFARBE gelb

Einst war ihre Blüte das Wahrzeichen französischer Königshäuser. Heute ist die Sumpfschwertlilie eine der beliebtesten Blütenpflanzen am Gartenteich. Die pflegeleichte Staude ist in Europa, Asien und Nordafrika sehr verbreitet. Ihr Lebensraum ist sehr variabel, steht aber immer in Verbindung mit Wasser.

Aussehen Die mehrjährige Wasserstaude, die auch Gelbe Schwertlilie, Wasserlilie oder Wasserschwertlilie genannt wird, hat einen aufrechten, buschigen Wuchs. Die bis zu 3 cm breiten schwertförmigen Blätter ähneln Schilf-Blättern. Die Pflanze bildet dicke Horste, die bis zu 1,5 m hoch werden. Mithilfe ihres kriechenden Wurzelstocks kann sie sich stark ausbreiten. Charakteristisch sind ihre leuchtend gelben Blüten mit schwarzbrauner Zeichnung in der Mitte. Sie sitzen zu mehreren an verzweigten kräftigen Stängeln.

Standort Die Sumpfschwertlilie bevorzugt, wie viele Blütenpflanzen am Teich, einen Platz in voller Sonne, der vorübergehend aber auch im Halbschatten liegen darf. Sie kann ganzjährig im flachen Wasser stehen, gibt sich allerdings zeitweise auch mit trockeneren Plätzen am Uferrand zufrieden. Stellen Sie der Pflanze möglichst eine größere Fläche zur Verfügung, damit sie sich ausbreiten kann und trotzdem kleinere Sumpfpflanzen nicht verdrängt. Pflanzdichte: 4–8 Pflanzen/m².

Pflege/Vermehrung Alte Blätter sollten Sie regelmäßig entfernen. Schneiden Sie auch die zierenden Fruchtstände rechtzeitig ab, sonst breitet sich die Pflanze unkontrolliert aus. Zum Vermehren lassen Sie die Samenstände jedoch ausreifen. Ansonsten können Sie während der Vegetationsruhe im Frühjahr die dickfleischigen Rhizome teilen und einzelne Stücke in den Boden einsetzen.

Besonderheiten Die heimische Pflanze ist sehr robust und verträgt selbst strenge Winter.

Gestaltung Sumpfschwertlilien schaffen immer eine eindrucksvolle Kulisse. Aufgrund ihrer Höhe bilden sie einen ruhigen, grünen Hintergrund für niedrigere Pflanzen wie etwa die Gauklerblume (→ Seite 41) oder die Sumpfdotterblume (→ Seite 40). Kombinieren Sie sie zur Auflockerung und als Kontrast mit blau blühenden Sumpfpflanzen wie Hechtkraut (→ Seite 46) oder der Asiatischen Sumpfschwertlilie *(I. laevigata)*.

Weitere Arten und Sorten Eine gute Abwechslung am Gartenteich bilden die blassgelb pana-

 Sonne ☀ Halbschatten ● Schatten

EDLES WEISS Reinweiß sind die Blüten von *Iris sibirica* 'White Horse'. Sie sind ein eher seltener und deshalb umso ungewöhnlicherer Blickfang am Ufer eines Gartenteichs.

MAJESTÄTISCH Äußerst attraktiv ist die Zeichnung der blauvioletten Blüte der Sibirischen Schwertlilie: Bis zu drei Blüten sitzen an einem bis zu einem Meter hohen Stängel.

schierten Blätter der gelb blühenden Sorte 'Variegata'. Mit nur 60 cm Höhe ist die aus Nordamerika stammende Verschiedenfarbige Schwerlilie *(I. versicolor)* zwar klein, aber dafür umso auffälliger in ihrer Erscheinung. Ihre blauvioletten Blüten leuchten zwischen den grünen Blättern. Etwas Außergewöhnliches unter den *Iris*-Stauden stellt die Sorte *I. versicolor* 'Kermesina' dar: Sie hat purpurrote Blüten. Für einen kleinen Teich eignen sich sowohl die Asiatische als auch die Verschiedenfarbige Schwertlilie sehr gut. Beide werden nur 80 cm groß. Kräftiger dagegen wächst die Sibirische Schwertlilie *(I. sibirica)*, auch Wiesen-Schwertlilie genannt. Sie wächst nicht, wie ihr Name vermuten lässt, nur in Sibirien, sondern auch in anderen Regionen Europas, sollte jedoch nur zur Bepflanzung von größeren Teichen verwendet werden. Dort steht sie am liebsten in der feuchten Zone des Ufers, verträgt aber ebenfalls einen Platz im flachen Wasser. Ihre grasartigen

Blätter bilden dichte Horste, die bis zu 1,20 m hoch werden. Die Blüten sind blauviolett mit weißer Zeichnung.

Eine Seltenheit unter den *Iris*-Arten ist die Japanische Sumpfschwertlilie *(I. ensata)*. Sie wird 80–100 cm hoch und hat große prachtvolle Blüten, die es je nach Sorte in zahlreichen Farbenvariationen gibt. Die Blüten erscheinen in Weiß, Tiefviolett, Zart- und Dunkelblau sowie Rosa bis Weinrot. Die Pflanze ist allerdings etwas anspruchsvoller als ihre schönen Schwestern. So darf man sie nicht ins flache Wasser setzen, sondern nur an einen sonnigen Platz in der Sumpfzone. Nach der Blüte sollte der Standort für diese Iris etwas trockener sein, was allerdings nicht immer ganz einfach zu realisieren ist. Die Japanische Sumpfschwertlilie benötigt kalkfreie Böden. Da sie überdies sehr frostempfindlich ist, müssen Sie ihr einen ausreichenden Winterschutz geben.

🐾 Giftig   ✿ Pflegeleicht

Pontederia cordata

Herzförmiges Hechtkraut

WUCHSHÖHE 50–100 cm | **BLÜTEZEIT** Juni–Oktober | **BLÜTENFARBE** violettblau

Das Hechtkraut ist ein echter Klassiker und darf deshalb in keinem Gartenteich fehlen.

Aussehen Die attraktive Staude hat lang gestielte, herzförmige Blätter, vor deren Hintergrund sich violettblaue lange Blütenähren präsentieren. Sie entwickeln sich aus den Blattscheiden und werden bis zu 15 cm lang. Da die Blütenfarbe Blau bei Teichpflanzen nicht allzu oft vorkommt, hat die Pflanze Seltenheitswert, und das Hechtkraut ist daher besonders beliebt – nicht zuletzt, weil das kontrastreiche Farbspiel mit den vorwiegend weißen und gelben Blüten der anderen Teichpflanzen sehr beeindruckend wirkt.

Standort Die heimische Staude wächst im frischen, nährstoffeichen Substrat besonders gut und fühlt sich in der Sonne am wohlsten. Pflanzdichte: 5–7 Pflanzen/m².

Pflege/Vermehrung Verwöhnen Sie die Pflanze im Frühjahr mit organischem Dünger. Steht das Hechtkraut in einem Pflanzkorb, muss es regelmäßig in größere Töpfe umgesetzt werden. Durch Teilung des Horstes können Sie die Pflanze im Frühjahr vor dem Austrieb leicht vermehren.

Besonderheiten In Gegenden mit strengen Wintern braucht das Hechtkraut einen Winterschutz. Dazu decken Sie den Wurzelstock mit Stroh, Laub oder Fichtenreisig ab. Ab Mitte Mai wird der Winterschutz wieder entfernt, da die frischen Triebe sehr empfindlich sind. Manchmal befallen Blattläuse die Blätter der Pflanze. Sammeln Sie die Plagegeister ab oder behandeln Sie sie mit umweltschonenden Pflanzenschutzmitteln (im Fachhandel fragen).

Gestaltung Das Hechtkraut ist eine zauberhafte Solitärpflanze und bestens geeignet, um einen Blickpunkt am Rand eines kleinen Teichs zu setzen. Allerdings lässt sich die Pflanze auch mit anderen Teichpflanzen herrlich kombinieren. So eignen sich die warmen gelben Blüten der Gauklerblume (→ Seite 41) als besonders schöner Kontrast. Den besten Effekt erzielen Sie, indem Sie die kompakte Pflanze hinter das Hechtkraut setzen.

Weitere Arten und Sorten Das Lanzettblättrige Hechtkraut (*P. lanceolata*) ist eine sehr kräftige Pflanze, die bis zu 1,50 m hoch wird und daher besser für größere Gewässer zu verwenden ist. Mit ihren hellblauen Blütenkerzen ist sie genauso dekorativ wie die weiß blühende Sorte *P. cordata* 'Alba', die allerdings weniger stark wächst.

 Sonne · Halbschatten · Schatten

Sparganium erectum

Ästiger Igelkolben

WUCHSHÖHE 70–100 cm | **BLÜTEZEIT** Juni–
September | **BLÜTENFARBE** grünlich-weiß

Der Igelkolben ist in Europa heimisch, weltweit
kommen in den gemäßigten Klimazonen etwa
20 Arten vor. Die Pflanze wächst in der Natur an
den Rändern von Teichen, Seen und Bächen, wo
sie schlammigen und nährstoffreichen Untergrund
bevorzugt.

Aussehen Die dekorative Sumpfstaude verdankt
ihren Namen den kugeligen Früchten, die wie kleine zusammengerollte Igel aussehen. In dem verzweigten Blütenstand erscheinen im Sommer die
männlichen und weiblichen grünlich weißen, kuge-

ligen Blüten, aus denen sich später die stacheligen
Samenstände entwickeln. Die schmalen schilfarti-
gen Blätter ragen aufrecht in die Höhe.

Standort Die mehrjährige Rhizompflanze wächst
gut in nährstoffreichem, moorigem Substrat. Statt
des begehrten Platzes in der Sonne genügt ihr
auch ein halbschattiger Standort. Pflanzdichte:
3 Pflanzen/m².

Pflege/Vermehrung Der Ästige Igelkolben gehört
normalerweise in größere Gewässer. Denn er bildet
Ausläufer und breitet sich innerhalb kurzer Zeit zu
einer dichten Fläche aus. Schneiden Sie ihn deshalb regelmäßig zurück. Falls Sie die Pflanze in
einem kleinen Teich oder Fertigteichbecken einsetzen möchten, pflanzen Sie die Staude besser in
einen Pflanzkorb. So lässt sich ihr starker Ausbrei-
tungsdrang begrenzen. Die Pflanze lässt sich durch
Teilung des Wurzelstocks oder durch Aussaat leicht
vermehren.

Besonderheiten Die Pflanze ist sehr robust und
vollkommen winterhart.

Gestaltung Der Ästige Igelkolben kommt sehr
schön zur Geltung, wenn Sie ihn einzeln setzen
oder mit weniger auffälligen Blütenstauden kombinieren, die ihm nicht die Schau stehlen. Auch passt
er gut zu Pflanzen mit weißen Blüten, wie etwa dem
Pfeilkraut (→ Seite 49) und der weiß blühenden
Sorte des Hechtkrauts (→ Seite 46).

Weitere Arten Für die Bepflanzung eines kleinen
Teichs stehen zwei weitere, nicht minder attraktive
Arten des Igelkolbens zur Verfügung: Der Einfache
Igelkolben *(S. emersum)* wächst 20–50 cm hoch
und wuchert nicht. Die Pflanze liebt ebenfalls nähr-
stoffreiche Böden sowie eine Wassertiefe von bis
zu 20 cm. Tieferes Wasser dagegen verträgt der
Zwerg-Igelkolben *(S. natans),* der mit nur 20–30 cm
Wuchshöhe relativ klein bleibt.

 Giftig ✿ Pflegeleicht

Alisma plantago-aquatica

Gewöhnlicher Froschlöffel

WUCHSHÖHE bis 100 cm | **BLÜTEZEIT** Mai–Oktober | **BLÜTENFARBE** weißrosa

Die mehr oder weniger löffelförmigen Blätter gaben dieser einheimischen Pflanze ihren Namen.
Aussehen Die schöne Wasserstaude bildet dichte Horste aus löffelartigen Blättern mit langen Blattstielen. Weißlich rosafarbene Blüten sitzen in lockeren Rispen und werden von kräftigen Stielen getragen. Diese ragen weit über die Blätter hinaus.
Standort Der Froschlöffel steht mit Vorliebe in voller Sonne. Pflanzdichte: 6–8 Pflanzen/m².
Pflege/Vermehrung Die Pflanze breitet sich stark aus, daher sollte man die Blüten abschneiden, bevor die Samen ausreifen.
Besonderheiten Der Froschlöffel wächst auch im nur 20 cm tiefem Wasser, am liebsten aber in großen Teichen.
Weitere Arten Der Lanzettblättrige Froschlöffel (*A. lanceolatum*) und der Südstaaten-Froschlöffel (*A. subcordatum*) sind kleinwüchsigere Arten.

Butomus umbellatus

Blumenbinse

WUCHSHÖHE bis 130 cm | **BLÜTEZEIT** Juni–August | **BLÜTENFARBE** rosa

Die Blumenbinse wird auch Schwanenblume genannt und gilt mit ihrer Eleganz als eine der schönsten heimischen Wasserpflanzen.
Aussehen Die zierliche Teichpflanze besitzt schmale grasartige Blätter, die im Austrieb kupferfarben sind. Besonders auffällig sind die Doldenrispen mit über 30 leuchtend rosafarbenen Blütensternen, die an der Spitze der kräftigen blattlosen Stängel sitzen.
Standort Die Blumenbinse blüht nur in voller Sonne gut, im Halbschatten dagegen nur spärlich. Pflanzdichte: 6–10 Pflanzen/m².
Pflege/Vermehrung Teilung des Rhizoms.
Besonderheiten Die mehrjährige Sumpfpflanze ist widerstandsfähig gegenüber Krankheiten und zuverlässig frosthart.
Weitere Sorten Die Sorten 'Schneeweißchen' und 'Rosenrot' tragen reinweiße bzw. kräftig rosafarbene Blüten.

 ☼ Sonne · ◐ Halbschatten · ● Schatten

Hippuris vulgaris
Tannenwedel

WUCHSHÖHE 10–50 cm | **BLÜTEZEIT** Juni–August | **BLÜTENFARBE** grün

Auf den ersten Blick wirkt der Tannenwedel ein wenig wie ein Schachtelhalm, er ist aber eine Blütenpflanze.

Aussehen Die originelle Staude wächst an einem kriechenden Wurzelstock und wuchert stark. Ihre auffälligen Triebe ähneln kleinen Tannenbäumen. Sie können in tiefem Wasser ganz untergetaucht sein oder sich bis etwa 30 cm über den Wasserspiegel erheben. Die unscheinbaren grünlichen Blüten bleiben oft unbemerkt.

Standort Die Pflanze mag Sonne, wächst aber auch im Schatten gut. In kleinen Teichen sollte sie in Pflanzkörben stehen und braucht dann regelmäßig Dünger. Pflanzdichte: 9–12 Pflanzen/m².

Pflege/Vermehrung Regelmäßig zurückschneiden. Vermehrung durch Abtrennen der Stängel.

Besonderheiten Der Tannenwedel trägt zur Sauerstoffanreicherung des Teichwassers bei.

Sagittaria latifolia
Breitblättriges Pfeilkraut

WUCHSHÖHE bis 100 cm | **BLÜTEZEIT** Juni–August | **BLÜTENFARBE** weiß

Diese Pfeilkraut-Art stammt aus Nordamerika und lebt zum Teil im Wasser untergetaucht.

Aussehen Die Pflanze fällt durch ihre breiten, pfeilförmigen Blätter über der Wasseroberfläche auf. Unter Wasser bildet das Pfeilkraut bandförmige Blätter sowie ovale Schwimmblätter. Die weißen Schalenblüten stehen in quirlartigen Blütenständen.

Standort Das Pfeilkraut braucht lehmig-humosen Boden in der Sonne oder im Halbschatten. Pflanzdichte: 4–6 Pflanzen/m².

Pflege/Vermehrung Die Pflanze überwintert in Form von Knollen im Teichboden. Sie vermehrt sich selbst über nussförmige Überdauerungsorgane.

Besonderheiten Die Staude ist bestens für Zier- und Fischteiche geeignet.

Weitere Arten und Sorten Die Sorte 'Plena' hat gefüllte, große Blüten, das Gewöhnliche Pfeilkraut (*S. sagittifolia*) ist nur für größere Teiche ideal.

Nymphaea 'Escarboucle'

Seerose 'Escarboucle'

BLÜTENGRÖSSE 14–16 cm | **BLÜTEZEIT** Juni
BLÜTENFARBE purpurrot

Seerosen sind die Königinnen im Gartenteich. Mit dem Farbenspiel ihrer Blüten kann keine der anderen Blütendiven im und am Wasser mithalten. Damit Sie möglichst viel Freude an Ihren Seerosen haben, sollten Sie für Ihren Teich nur winterharte Arten auswählen. Die aus Asien, Südafrika, Südamerika und Ägypten stammenden tropischen Arten sind zwar sehr attraktiv, aber sehr empfindlich gegen Kälte und nur für Innenbecken geeignet. Seerosen sind, wie die meisten Wasserpflanzen, Rhizompflanzen. Sie besitzen breite, glänzend grüne Schwimmblät-ter, die bei einigen Arten marmoriert oder braun getönt sind. Ihre beeindruckenden Blüten öffnen sich bereits nach Sonnenaufgang und schließen sich erst mit der untergehenden Sonne.

Aussehen Die Sorte 'Escarboucle' gilt als eine der schönsten Seerosen. Ihre leuchtenden Blüten sind sternförmig, haben einen Durchmesser von bis zu 18 cm. Die zart duftenden Einzelblüten halten zwei bis vier Tage, bevor sie verblühen und untergehen. Zwar bildet diese Sorte nicht übermäßig viele Blüten, aber dafür leuchten die Blütensterne im Frühsommer umso imposanter (ca. sechs Blüten kommen auf 40 Schwimmblätter).

Standort Seerosen fühlen sich in lehmigem Boden am wohlsten, außerdem brauchen sie ausreichend Sonne. Ist der Boden jedoch zu nährstoffreich, wachsen die Blätter zwar üppig, aber die Pflanze bildet weniger schöne Blüten aus.

 ☀ Sonne ☽ Halbschatten ● Schatten

BETÖREND Die purpurroten Blütensterne der Seerose 'Escarboucle' verströmen einen zarten Duft.

ELEGANT Eine schöne Begleiterin ist die Seerose 'Hermine' mit ihren chrysanthemenähnlichen Blüten.

Pflege/Vermehrung Achten Sie darauf, auch winterharte Arten tief genug ins Wasser zu setzen, damit die Rhizome ausreichend vor Frost geschützt sind. Die Vermehrung ist durch Teilung des Wurzelballens und über Rhizomstecklinge möglich. Da die Seerose sehr starkwüchsig ist, muss sie in Gitterkörbe gepflanzt werden. Vor dem Einpflanzen sollten Sie die Wurzeln einkürzen und anschließend das Rhizom waagerecht in den Korb setzen, sodass die Blatttriebe nach oben zeigen. Pflanzen Sie Seerosen aber immer in spezielles Seerosensubstrat aus dem Fachhandel.

Je günstiger die Voraussetzungen für einen gesunden Pflanzenwuchs sind, desto unwahrscheinlicher ist ein Befall mit Schädlingen. Dennoch können in den Sommermonaten an den Blütenknospen und auf den Schwimmblättern Schädlinge auftreten. Verzichten Sie aber auf Pestizide zur Behandlung, da diese die Lebewesen im Wasser schädigen. Schwarze Blattläuse beispielsweise lassen die Blätter gelb werden, sodass sie vorzeitig absterben. Sie können die Läuse leicht entfernen, indem Sie diese mit einem weichen Wasserstrahl abspülen, danach sammeln Sie die Schädlinge mit einem Kescher von der Wasseroberfläche ab.

Die Raupen des Seerosenzünslers wiederum hinterlassen durchlöcherte Blätter. Abhilfe schafft das Absammeln der Larven. Auch Faltenmücken schädigen das Laub der Seerosen. Pilzkrankheiten können bei ungünstigen klimatischen Verhältnissen sowie zu viel Schatten auftreten. Entfernen Sie kranke Pflanzen und Pflanzenteile in jedem Fall möglichst rasch.

Besonderheiten Kommen die ersten frostigen Nächte nicht allzu früh, können Sie die Blüten der Sorte 'Escarboucle' bis in die zweite Oktoberhälfte bestaunen.

Weitere Sorten Die Sorte 'Chrysantha' glänzt mit herrlichen Blüten. Sie sind rund geformt, und ihre Farbe kann von gelblich über kupferfarben bis zu rosaorange wechseln. Die inneren Blütenblätter sind stärker gefärbt als die äußeren. Auffällig sind auch die kreisrunden Blätter. Sie sind dunkelgrün bis grün marmoriert. 'Chrysantha' eignet sich sehr gut für die Bepflanzung der Flachwasserzone in kleinen Teichen. Für größere Teiche eignet sich *Nymphaea* 'Hermine'. Diese Seerose verträgt außerdem Schatten.

So gedeihen **Seerosen**

IDEAL FÜR ALLE SEEROSEN ist sauerstoffreiches Wasser. Installieren Sie deshalb am besten einen Zulauf oder eine Fontäne, sodass das Wasser permanent mit Sauerstoff angereichert wird. Achten Sie aber darauf, dass die Fontäne nicht zu dicht an den Seerosen platziert ist – das spritzende Wasser führt dazu, dass die Pflanzen ihre schönen Blüten schließen. Auch permanent kühles Wasser, das in den Teich einläuft vertragen Seerosen nicht. Die Sorte 'Escarboucle' stellt keine großen Ansprüche an die Wasserqualität. Sie wächst sowohl in hartem, kalkreichem als auch in weichem Wasser gut. Günstig ist es, wenn das Wasser neutral bis leicht sauer ist (pH 7,0).

 Giftig ✿ Pflegeleicht

Nymphaea odorata

Rosennymphe

BLÜTENGRÖSSE 10–14 cm | **BLÜTEZEIT** Juni–September | **BLÜTENFARBE** hellrosa

Ihr botanischer Name »odorata« verrät es gleich: Diese Seerose verwöhnt uns mit ihrem köstlichen, dezenten Duft.

Aussehen Die großen, sternförmigen Blüten schimmern in vielen Rosatönen. Besonders attraktiv sind auch die herzförmigen Blätter. Sie verändern mit der Zeit ihre Farbe von rötlich über bräunlich bis hin zu grün.

Standort Lehmig-humose Böden; der Standort sollte mehrere Stunden lang in der Sonne liegen.

Pflege/Vermehrung Wie viele Seerosen braucht auch die Rosennymphe im Frühjahr einen Langzeitdünger im Form von Pellets. Vermehrung durch Teilung des Rhizoms im Frühjahr. Die Art ist winterhart, braucht jedoch relativ warmes Wasser, um zur Blüte zu kommen.

Gestaltung Ideal geeignet für mittelgroße Teiche mit einer Wassertiefe von 50–70 cm.

Nymphaea 'Froebelii'

Froebels Seerose

BLÜTENGRÖSSE 8–10 cm | **BLÜTEZEIT** Juni–September | **BLÜTENFARBE** karmesinrot

Die reich und zuverlässig blühende Sorte 'Froebelii' ist nach ihrem Züchter Otto Froebel benannt, der sie im Jahre 1898 züchtete.

Aussehen Die Seerose besitzt karminrote, kelchförmige Blüten, die einige Zentimeter über der Wasseroberfläche herausragen. Sie gehen zwar nicht ganz auf, bleiben dafür aber abends lange geöffnet. Die dekorativen Blätter sind anfangs rot marmoriert mit rötlichem Rand, später verfärben sie sich dunkelgrün. Sie sind fast rund und haben einen weit gespreizten Blatteinschnitt.

Standort In der Flachwasserzone des Teichs, zeitweilig in der Sonne.

Pflege/Vermehrung Pflegeleicht, einmal jährlich Langzeitdünger geben. Vermehrung durch Rhizomteilung im Frühjahr.

Besonderheiten Die schöne Zwergseerose blüht auch bei kühler Witterung.

 Sonne Halbschatten ● Schatten

Nymphaea tetragona

Sternförmige Zwergseerose

BLÜTENGRÖSSE 2,5 cm | **BLÜTEZEIT** Mai–Oktober | **BLÜTENFARBE** reinweiß

Die Sternförmige Zwergseerose ist auch unter dem Namen *N.* x *pygmaea* 'Alba' bekannt. Sie ist die zierlichste aller Seerosen.

Aussehen Die reinweißen Blüten dieser Art sind nur 2,5 cm groß. Typisch für die Zwergseerose ist die Anordnung der Blütenblätter, die pyramidenartig übereinanderstehen. Die ovalen, dunkelgrünen Blätter sind auf der Unterseite blassgrün.

Standort Am Teichrand, bei nicht zu starker Sonneneinstrahlung.

Pflege/Vermehrung Im Frühjahr Düngekegel verabreichen. Die Pflanze ist sehr robust, winterhart und verträgt auch Schatten.

Gestaltung Ideal für kleinere Teiche, eignet sich auch für das Bepflanzen von Wasserkübeln.

Besonderheiten Die Seerose blüht ausdauernd bis in den späten Herbst hinein. Rhizom senkrecht einpflanzen!

Nymphaea tetragona 'Helvola'

Gelbe Zwergseerose

BLÜTENGRÖSSE 3–4 cm | **BLÜTEZEIT** Mai–September | **BLÜTENFARBE** schwefelgelb

Die Sorte wird im Handel auch unter dem Synonym *N.* 'Pygmaea Helvola' angeboten. Sie ist weniger wuchskräftig als *N. tetragona*, blüht dafür aber unermüdlich vom Frühjahr bis zum Herbst.

Aussehen Die hübschen schwefelgelben Sternblüten dieser kleinen Seerose kann man über Monate im Gartenteich bewundern. Neben der zauberhaften Blüte sind auch die olivgrünen, gepunkteten Blätter eine Augenweide.

Standort Gedeiht auch in nur 20–25 cm tiefem Wasser. Mag keine direkte Sonne.

Pflege/Vermehrung Diese Liebhaberpflanze ist nicht winterhart. Setzen Sie ab Oktober den Seerosenkorb deshalb tiefer oder nehmen Sie die Seerose besser zum Überwintern ins Haus.

Gestaltung Die Zwergseerose kommt am besten in der Flachwasserzone zur Geltung. Eine Pflanze genügt für einen kleinen Gartenteich.

Ranunculus aquatilis

Wasserhahnenfuß

WASSERTIEFE 50–100 cm | **BLÜTEZEIT** Juni–
September | **BLÜTENFARBE** weiß

Die Wasserstaude ist auch als Flutender Wasserhahnenfuß oder Froschkraut bekannt.

Aussehen Die Pflanze besitzt zahlreiche weiße
Blüten, die sich im Sommer über der Wasseroberfläche zeigen. Die nierenförmigen Schwimmblätter
sind gelappt, die Unterwasserblätter fein geteilt.

Standort Die Pflanze wächst im flachen oder tiefem Wasser, kalkhaltiges Substrat fördert das
Anwachsen. Pflanzdichte: 1–5 Pflanzen/m².

Pflege/Vermehrung Die Horste können sehr
dicht werden, daher regelmäßig teilen.

Besonderheiten Die Pflanze ist sehr anpassungs-
fähig und kann bei sinkendem Wasserstand auch
im Schlamm wurzeln. Die Unterwasserblätter produzieren reichlich Sauerstoff.

Weitere Arten Der Spreizende Wasserhahnenfuß
(*R. circinatus*) hat weiße Blüten und starre quirlför-
mige Unterwasserblätter.

Stratiotes aloides

Krebsschere

WASSERTIEFE 50–100 cm | **BLÜTEZEIT** Mai–Juli
BLÜTENFARBE weiß

Die dekorative Schwimmblattpflanze treibt im Wasser. Sie wird auch unter dem Namen Wasseraloe oder
Wassersäge geführt.

Aussehen Die kräftigen, 50–60 cm großen Rosetten
werden von stachelig gezähnten, schwertförmigen,
bis zu 40 cm langen Blättern gebildet. Über ihre sehr
langen Wurzeln ist die Pflanze im Teichboden ver-
ankert. Mit Beginn des Frühlings steigen die Rosetten
vom Gewässergrund auf und treiben aus. Dann
schmückt sich die Pflanze mit weißen, etwa 4 cm großen Blüten.

Standort Im Wasser in der vollen Sonne. Pflanzdichte: 1–3 Pflanzen pro Teich.

Pflege/Vermehrung Wuchert die Pflanze stark, Triebe einfach abtrennen. Vermehrung durch Ausläufer.

Besonderheiten Die Krebsschere ist ein ausgezeichneter Sauerstofflieferant, im Winter sinken die Blatt-
rosetten auf den Teichgrund.

 Sonne Halbschatten ● Schatten

Nymphoides peltata

Seekanne

WASSERTIEFE 50–100 cm | **BLÜTEZEIT** Juli–September | **BLÜTENFARBE** goldgelb

Die Seekanne ist eine ausdauernde, stark wachsende Pflanze, die für stehende und langsam fließende Gewässer geeignet ist.

Aussehen Die hellgrünen und marmorierten, seerosenähnlichen Schwimmblätter sind rundlich bis herzförmig und liegen auf der Wasseroberfläche. Die gelben, schalenförmigen Blüten wachsen in Gruppen zu viert bis acht und sitzen an langen Stielen, die aus dem Wasser ragen.

Standort Die Seekanne ist zwar eine Schwimmblattpflanze, kann sich aber an verschiedene Wassertiefen anpassen und wächst deshalb im Sumpf so gut wie im flachen oder tiefen Wasser. Sie liebt volle Sonne. Pflanzdichte: 2–3 Pflanzen/m².

Pflege/Vermehrung Da die Pflanze wuchert, setzt man sie in einen Korb. Vermehrung durch Ausläufer.

Besonderheiten Reagiert in strengen Wintern empfindlich, treibt im Frühling aber wieder aus.

Persicaria amphibia

Wasser-Knöterich

WASSERTIEFE 30–60 cm | **BLÜTEZEIT** Juni–September | **BLÜTENFARBE** rosa

Die blühfreudige Pflanze ist auch noch unter dem Synonym *Polygonum amphibium* bekannt. Sie fühlt sich in einem größeren Teich am wohlsten.

Aussehen Die Blätter des Wasser-Knöterichs haben je nach Lebensraum unterschiedliche Formen: Im Wasser bilden sich glatte Schwimmblätter mit langen Blattstielen, an Land sind es flaumige Blätter mit kurzem Stiel. Charakteristisch sind die rosafarbenen, kurzen Blütenähren, die 10–15 cm lang werden und über das Wasser ragen.

Standort Nicht zu nah ans Ufer setzen, da die Pflanze sonst ins Ufersubstrat hineinwuchert. Pflanzdichte: 3–5 Pflanzen/m².

Pflege/Vermehrung Regelmäßiger Rückschnitt im Sommer und Herbst hält die starkwüchsige Pflanze im Zaum. Vermehrung über Ableger.

Besonderheiten Die Pflanze kann sich an recht unterschiedliche Wassertiefen anpassen.

Callitriche palustris

Sumpfwasserstern

WASSERTIEFE 30–100 cm | **BLÜTEZEIT** Juli–September | **BLÜTENFARBE** unscheinbar

Der Sumpfwasserstern wird auch Frühlings-Wasserstern genannt und entwickelt je nach Wasserstand eine im Schlamm kriechende Landform oder im Wasser schwimmend bis zu 40 cm lange Triebe.
Aussehen Die heimische wintergrüne Unterwasserpflanze hat nadelartig beblätterte Triebe und bildet auf der Wasseroberfläche feingliedrige, dicht verzweigte Polster. In ihren Schwimmblattrosetten bilden sich in der Mitte winzige unscheinbare Blüten.
Standort Der Sumpfwasserstern mag Sonne und wurzelt im Schlammboden des Teichs. Pflanzdichte: 1 bis 3 Büschel/m².
Pflege/Vermehrung Bei zu starkem Wachstum einkürzen. Vermehrung durch Teilung.
Besonderheiten Die Sauerstoff spendende Pflanze passt sich wechselnden Wasserständen an. Zwischen den feinen Blättern finden Jungfische Schutz.

Ceratophyllum demersum

Raues Hornblatt

WASSERTIEFE 50–100 cm | **BLÜTEZEIT** Juli–September | **BLÜTENFARBE** unscheinbar

Das Raue Hornblatt kommt auf allen Kontinenten vor. Die Pflanze schwimmt im Wasser und besitzt keine Wurzeln.
Aussehen Die dunkelgrünen Blätter sind quirlartig an einem steifen Stängel angeordnet. Die kleinen Blüten sind unscheinbar und kaum zu erkennen. Die Pflanze bildet über 2 m lange Triebe.
Standort Die Pflanze gedeiht in Sonne und Halbschatten, sie kann sich aber auch in tiefem Wasser sowie im Schatten anderer Pflanzen entwickeln. Pflanzdichte: 3–5 Büschel/m².
Pflege/Vermehrung Regelmäßig auslichten. Vermehrung durch Triebstecklinge.
Besonderheiten Im Winter überlebt das Raue Hornblatt in Form von Winterknospen, die im Herbst auf den Grund des Gewässers sinken. Die wurzellose Unterwasserpflanze hemmt die Ausbreitung von Algen und reinigt das Wasser.

 Sonne   Halbschatten   Schatten

Elodea canadensis

Kanadische Wasserpest

WASSERTIEFE 20–100 cm| **BLÜTEZEIT** Mai–August | **BLÜTENFARBE** weiß, blassrosa

Die stark wuchernde Unterwasserpflanze aus Nordamerika sorgt im Teich für klares Wasser. Sie produziert auch im Winter Sauerstoff.

Aussehen Ihre fadenartigen, verzweigten Unterwassertriebe können bis zu 1 m lang werden. Sie tragen in regelmäßigen Abständen quirlig grüne Triebe. Die winzigen Blüten sind weiß bis rosa und relativ unscheinbar.

Standort Wächst im flachen und im tiefen Wasser, bevorzugt lichtdurchflutete Gewässer. Pflanzdichte: 1–3 Büschel/m².

Pflege/Vermehrung Lichten Sie die Pflanze gelegentlich aus. Vermehrung durch Triebstecklinge und Triebstücke, diese wachsen wie von selbst.

Besonderheiten Die Wasserpest ist ein ausgezeichneter Sauerstoffspender und wird von Fischen in der Laichzeit sehr geschätzt. Für kleine Teiche ist sie jedoch ungeeignet.

Pontamogeton crispus

Krauses Laichkraut

WASSERTIEFE 80–100 cm | **BLÜTEZEIT** Mai–September | **BLÜTENFARBE** weiß

Das Laichkraut ist ebenfalls eine wichtige Unterwasserpflanze für den Gartenteich: Sie gibt Sauerstoff an das Wasser ab und bietet Fischen Schutz.

Aussehen Aus dem Rhizom der Pflanze entwickeln sich bis zu 150 cm lange Triebe, an denen sich schmale, gewellte Unterwasserblätter ausbilden. Die kleinen weißen Blütenähren zeigen sich im Sommer über der Wasseroberfläche.

Standort Das Krause Laichkraut mag Sonne, wächst aber auch im Halbschatten gut. Pflanzdichte: maximal 5 Pflanzen/m².

Pflege/Vermehrung Die Pflanze muss regelmäßig ausgelichtet werden. Vermehrung durch Horstteilung.

Besonderheiten Die Pflanze ist absolut winterhart.

Weitere Arten Ähnlich ist das Glänzende Laichkraut *(P. lucens)*. Das Flutende Laichkraut *(P. natans)* wuchert stark, daher sollte man es besser nur in größeren Teichen verwenden.

 Giftig ✿ Pflegeleicht

Algen

Algen sind im Wasser lebende ein- oder mehrzellige Pflanzen. In Gartenteichen können sich verschiedene Algenarten ausbreiten. Fadenalgen wachsen eher im flachen Wasser und lassen sich mit einem Rechen leicht abfischen. Schwebealgen kommen im tieferen Wasser vor. Sie vermehren sich rasch und färben das Teichwasser grün. Dies bezeichnet man als sogenannte Algenblüte.

Ammoniak

Bei der natürlichen Zersetzung von Pflanzenteilen, Fischfutterresten und Fischkot entstehen Stickstoffverbindungen wie z. B. Ammoniak. Dieser ist für die im Teich lebenden Fische giftig.

Biologisches Gleichgewicht

Das biologische Gleichgewicht kann sich im Teich nur bei optimalen Bedingungen einstellen, wenn Pflanzen, Tiere und Mikroorganismen in einem ausgewogenen Verhältnis zueinander stehen.

Eisfreihalter

Ein Styroporring mit Deckel, der die Sauerstoffzufuhr bzw. den Gasaustausch des Teichswassers bei einer geschlossenen Eisdecke im Winter ermöglicht.

Eutrophierung

Damit bezeichnet man die zunehmende Belastung des Wassers mit Nährstoffen, vor allem mit Nitraten und Phosphaten, bei sehr niedri-

gem Sauerstoffgehalt. Wird der Nährstoffgehalt zu hoch, kippt der Teich schließlich um, und das Wasser beginnt, faulig zu riechen.

Faulgas

Im Teichboden zersetzen Mikroorganismen unter Luftabschluss pflanzliche und tierische Abfallstoffe. Dabei entstehen schwefelhaltigen Faulgase. Sie sind für alle Lebewesen im Teich giftig.

Filter

Filter gibt es in vielen Varianten. Alle dienen dazu, das Teichwasser zu reinigen. Zum Betreiben eines Filters ist eine leistungsfähige Pumpe nötig. In Gartenteichen, in denen Fische leben, sind Filter unverzichtbar.

Flachwasserzone

Der Bereich mit 20 bis 40 cm tiefem Wasser zwischen der Tiefwasserzone und der Sumpfzone. Er ist der Lebensraum vieler Pflanzen, die für die Reinigung des Teichwassers sorgen.

Gesamthärte

Die Gesamthärte des Wassers gibt die Menge aller im Wasser gelösten Mineralsalze an. Dazu gehören beispielsweise Kalzium und Magnesium.

Kapillarsperre

Die Kapillarsperre verhindert, dass das umliegende Erdreich Wasser aus dem Teich saugt. Sie besteht aus einem rund um den Teich ange-

legten Graben, der mit der Teichfolie ausgelegt und mit Kies aufgefüllt ist.

Karbonathärte

Die Karbonathärte gibt die Konzentration von Karbonat-Ionen im Wasser an. Sie wird in Härtegraden (° dH) angegeben. Die Karbonathärte des Teichwassers sollte immer über 3° dH liegen, damit der Säuregehalt im Wasser (pH-Wert) stabil bleibt.

Laubschutznetz

Ein Netz aus Kunststoff-Garn, das zu Beginn des Herbsts über die Wasseroberfläche des Teichs gespannt wird. Es verhindert, dass das Laub ins Wasser fällt und dieses mit Nährstoffen anreichert.

Mikroorganismen

Winzige einzellige Lebewesen, die wasserlösliche Substanzen aus dem Teichwasser (Nährstoffe) aufnehmen und verwerten. Sie leisten einen wichtigen Beitrag zur Reinigung des Teichwassers.

Nährstoffe

Nährstoffe gelangen durch absterbende Pflanzenteile, Fischfutter und -kot sowie Dünger und Pflanzenerde in den Teich. Enthält das Teichwasser zu viele Nährstoffe, kommt es zur → Eutrophierung.

Naturteich

Ein Gartenteich mit verschieden tiefen Wasserzonen, der den Verhältnissen in einem natürlichen Gewässer sehr nahe kommt.

Pflanzsubstrat

Substrat für Teichpflanzen sollte möglichst nährstoffarm sein. Ideal ist eine Mischung aus Lehm und Sand im Verhältnis 1 : 3.

pH-Wert

Der pH-Wert gibt den Säuregrad des Wassers an. Er sollte im Gartenteich zwischen 6 und 7 liegen.

Profil

Eine Teichgrube sollte so geformt sein, dass sie ein Profil hat, das aus drei Stufen besteht. Diese Stufen bilden die verschiedenen Pflanzzonen und sollten mit leichtem Gefälle ineinander übergehen.

Pumpe

Pumpen dienen im Gartenteich dazu, z. B. den Filter mit Wasser zu speisen oder Wasserspiele zu betreiben.

Rhizom

Rhizome sind die verdickten Wurzelstöcke von Pflanzen. Sie wachsen dicht unter der Erdoberfläche, speichern Nährstoffe und sorgen außerdem dafür, dass sich die Pflanze ausbreitet.

Sauerstoffgehalt

Das Teichwasser sollte im Idealfall 12 mg Sauerstoff pro Liter enthalten, als unterster Grenzwert gelten 9 mg pro Liter Wasser. Je wärmer das Wasser ist, umso niedriger ist der Sauerstoffgehalt. Pumpen oder ein Oxydator helfen, den Sauerstoffgehalt im Wasser zu erhöhen.

Schaumdüse

Schaumdüsen sind ein Aufsatz für Pumpen und erzeugen einen schaumigen, niedrigen Wasserstrahl. Sie eignen sich besonders gut dafür, das Teichwasser mit Sauerstoff anzureichern.

Schwimmblattpflanzen

Schwimmblattpflanzen besitzen auf dem Wasser schwimmende Blätter. Die Pflanzen sind über Rhizome im Teichboden verwurzelt.

Skimmer

Ein Skimmer saugt mithilfe einer Pumpe Blätter, Schmutz und Pollen von der Wasseroberfläche ab.

Sumpfpflanzen

Sumpflanzen wachsen im sumpfigen Boden zwischen Wasser und Land. Sie brauchen nassen Boden, vertragen kurze Zeit aber auch Trockenheit.

Tiefwasserzone

Der Bereich im Teich, in dem das Wasser über 40 cm tief ist. In der Tiefwasserzone wachsen Seerosen und überwintern Fische. Sie sollte mindestens 100 cm tief sein, damit der Teich im Winter nicht durchfriert.

Überlauf

Der Überlauf sorgt dafür, dass überschüssiges Teichwasser abfließen kann. Er endet in einer mit Kies gefüllten Grube, in der das Wasser versickern kann.

Uferpflanzen

Uferpflanzen wachsen außerhalb der Wasserfläche auf feuchtem Boden. Sie gedeihen aber auch im trockenen Gartenboden.

Uferzone

Die Uferzone schließt sich zum Garten hin an die Sumpfzone an. Sie zeichnet sich durch trockenen Boden aus und bildet zusammen mit der Sumpfzone den Übergang vom Land zum Wasser.

Unterwasserpflanzen

Im Wasser untergetaucht lebende Pflanzen, die im Teichgrund verwurzelt sind oder frei im Wasser schweben. Sie sind wichtige Sauerstofflieferanten und sorgen für eine gute Wasserqualität.

Vlies

Eine Kunstfasermatte, die die Teichfolie vor Steinen und Wurzeln schützt und deren Belastbarkeit erhöht.

Wasserpflanzen

Pflanzen, die sich zeitlebens im Wasser entwickeln. Blätter oder Blüten können über die Wasseroberfläche ragen.

Wasserwerte

Zu den Wasserwerten gehören Karbonat- und Gesamthärte, Säuregrad, Stickstoff- sowie der Sauerstoffgehalt des Wassers. Die Wasserwerte müssen regelmäßig geprüft werden.

Teichfolien

› Köster Bauchemie GmbH
Dieselstraße 3–10, 26607 Aurich
› Re-Natur GmbH, Postfach 60
24601 Ruhwinkel
› Wülfing & Hauck GmbH & Co. KG
Ernst-Abbe-Straße 2
34260 Kaufungen
› NaturaGart Deutschland
Riesenbecker Straße 63
49479 Ibbenbüren-Dörenthe
info@naturagart.de
› UNIGARD Teichfolie.de GmbH
Nonnenwaldweg 32
65388 Schlangenbad
www.teichfolie.de
› Eugen Stahl GmbH
Grantschenerstraße 55
74189 Weinsberg-Wimmental
www.teichprofi.de
› Gruber-Folien GmbH & Co. KG
Gustav-Hertz-Straße 24
94315 Straubing
www.gruber-folien.de

Wichtige **Hinweise**

› Tragen Sie bei allen Gartenarbeiten immer Handschuhe.

› Wenn Sie sich bei der Gartenarbeit verletzen, sollten Sie umgehend einen Arzt aufsuchen. Eventuell ist eine Impfung gegen Tetanus erforderlich.

› Bewahren Sie Pflanzenschutzmittel und Dünger für Kinder und Haustiere unerreichbar auf. Halten Sie Kinder beim Gebrauch fern.

Zubehör und Pflanzen

› Heissner AG
Schlitzerstraße 24
36341 Lauterbach
(Technik, Zubehör)
› ASA Spezialenzyme GmbH
Ascheroder Weg 1b
38124 Braunschweig
(Mikroorganismenpräparate)
› Tetra Werke
Postfach 1580
46499 Hamminkeln
(Wassertests)
› Sera GmbH
Postfach 1466
49324 Melle 1
(Wassertests)
› Oase
Wübcker GmbH & Co. KG
Postfach 20 69
48469 Hörstel
(Technik, Zubehör)
› Aquaplan Held
Gottlieb-Daimler-Straße 5–7
75050 Gemmingen
(Folien, Filter etc.)
› Erlebnisgarten Schleitzer
Enterstraße 23
80999 München
(Planung, Zubehör)

Pflanzen

› Re-Natur
Postfach 60, 24601 Ruhwinkel
› Karl Wachter
Rollbarg 17, 25482 Appen-Etz
www.karlwachter.de
› Gärtnerei für Wildstauden und
Wildgehölze Strickler
Lochgasse 1, 55232 Alzey
› Naturgarten e.V.
Postfach 430906, 80739 München

Literatur

› Kathrin und Frank Hecker: Gartenteiche. Schritt für Schritt zum eigenen Wassergarten. Gräfe und Unzer Verlag, München
› Jansen, Antje: Teichpflanzen einsetzen & pflegen. Gräfe und Unzer Verlag, München
› Krausch, Heinz-Dieter: Farbatlas Wasserpflanzen und Uferpflanzen. Ulmer Verlag, Stuttgart
› Stadelmann, Peter: Fische für den Gartenteich. Gräfe und Unzer Verlag, München

Zeitschrift

Gartenteich
Dähne Verlag GmbH
76275 Ettlingen

Bildnachweis

Gartenlust pur

Die neuen Pflanzenratgeber – da steckt mehr drin

ISBN 978-3-8338-0530-1
64 Seiten

ISBN 978-3-8338-0785-5
64 Seiten

ISBN 978-3-8338-0532-5
64 Seiten

Preis je Band: 7,90 €

ISBN 978-3-8338-0527-1
64 Seiten

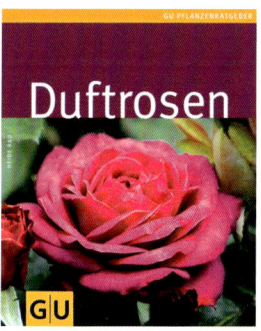

ISBN 978-3-8338-0529-5
64 Seiten

ISBN 978-3-8338-0875-3
64 Seiten

Änderungen und Irrtum vorbehalten.

Das macht sie so besonders:

Praxiswissen kompakt – vermittelt von GU-Gartenexperten

Praktische Klappen – alle Infos auf einen Blick

Die 10 GU-Erfolgstipps – so gedeihen Ihre Pflanzen gut

Willkommen im Leben.

Unsere Garantie

Alle Informationen in diesem Ratgeber sind sorgfältig und gewissenhaft geprüft. Sollte dennoch einmal ein Fehler enthalten sein, schicken Sie uns das Buch mit dem entsprechenden Hinweis an unseren Leserservice zurück. Wir tauschen Ihnen den GU-Ratgeber gegen einen anderen zum gleichen oder ähnlichen Thema um.

Liebe Leserin und lieber Leser,

wir freuen uns, dass Sie sich für ein GU-Buch entschieden haben. Mit Ihrem Kauf setzen Sie auf die Qualität, Kompetenz und Aktualität unserer Ratgeber. Dafür sagen wir Danke! Wir wollen als führender Ratgeberverlag noch besser werden. Daher ist uns Ihre Meinung wichtig. Bitte senden Sie uns Ihre Anregungen, Ihre Kritik oder Ihr Lob zu unseren Büchern. Haben Sie Fragen oder benötigen Sie weiteren Rat zum Thema? Wir freuen uns auf Ihre Nachricht!

Wir sind für Sie da!
Montag –Donnerstag: 8.00 –18.00 Uhr;
Freitag: 8.00 –16.00 Uhr *(0,14 €/Min. aus dem dt. Festnetz/Mobilfunkpreise
Tel.: 0180 - 5 00 50 54*
Fax: 0180 - 5 01 20 54* können abweichen.)
E-Mail:
leserservice@graefe-und-unzer.de

P.S.: Wollen Sie noch mehr Aktuelles von GU wissen, dann abonnieren Sie doch unseren kostenlosen GU-Online-Newsletter und/oder unsere kostenlosen Kundenmagazine.

GRÄFE UND UNZER VERLAG
Leserservice
Postfach 86 03 13
81630 München

© 2008
GRÄFE UND UNZER VERLAG GmbH, München

Redaktion: Dr. Michael Eppinger
Lektorat: Barbara Kiesewetter
Bildredaktion: Daniela Laußer
Umschlaggestaltung und Layout: independent Medien-Design, München
Herstellung: Gloria Pall
Satz: Liebl Satz+Grafik, Emmering
Reproduktion: Longo AG, Bozen
Druck: Firmengruppe APPL, aprinta druck, Wemding
Bindung: Firmengruppe APPL, sellier druck, Freising

Printed in Germany

ISBN 978-3-8338-0876-0

1. Auflage 2008

Ein Unternehmen der
GANSKE VERLAGSGRUPPE

Andrea Christmann ist Landschaftsarchitektin und hat bei vielen Projekten bei der Gestaltung von Außenanlagen und Privatgärten mit dem Thema »Wassergarten« mitgearbeitet. Seit 2002 ist sie als freie Gartenarchitektin tätig und arbeitet als Journalistin und Autorin für Fachzeitschriften und Buchverlage.